李彬 等◎著

# 酒店学人 文集
（2019—2023）

HOSPITALITY SCHOLARS' ESSAYS
(2019—2023)

北京·旅游教育出版社

图书在版编目（CIP）数据

酒店学人文集. 2019-2023 / 李彬等著. -- 北京：旅游教育出版社，2024.2

ISBN 978-7-5637-4703-0

Ⅰ. ①酒… Ⅱ. ①李… Ⅲ. ①饭店－商业企业管理－文集 Ⅳ. ①F719.2-53

中国国家版本馆CIP数据核字(2024)第031601号

## 酒店学人文集（2019—2023）

### 李 彬 等著

| 责任编辑 | 贾东丽 |
|---|---|
| 出版单位 | 旅游教育出版社 |
| 地　　址 | 北京市朝阳区定福庄南里1号 |
| 邮　　编 | 100024 |
| 发行电话 | （010）65778403　65728372　65767462（传真） |
| 本社网址 | www.tepcb.com |
| E-mail | tepfx@163.com |
| 排版单位 | 北京旅教文化传播有限公司 |
| 印刷单位 | 唐山玺诚印务有限公司 |
| 经销单位 | 新华书店 |
| 开　　本 | 710毫米×1000毫米　1/16 |
| 印　　张 | 11 |
| 字　　数 | 156千字 |
| 版　　次 | 2024年2月第1版 |
| 印　　次 | 2024年2月第1次印刷 |
| 定　　价 | 69.00元 |

（图书如有装订差错请与发行部联系）

# 其他主要作者介绍

### 秦宇

北京第二外国语学院旅游科学学院教授,《旅游导刊》执行主编,经济学博士。主要研究领域为中国情境下旅游企业业务层面战略的制定、实施与结果,以及中国酒店产业发展。

### 张超

北京第二外国语学院旅游科学学院教授,经济学博士,主要研究领域为酒店旅游与消费行为、健康消费行为与生活质量、康养旅游产品开发与规划。

### 雷铭

北京第二外国语学院旅游科学学院副教授,心理学博士,主要研究领域为酒店组织行为、酒店心理学、认知神经科学。

### 江静

北京邮电大学经济管理学院副教授,管理学博士,主要研究领域为领导力与组织管理。

# 基金项目

本成果受北京市高校分类办学项目,国家自然科学基金重点项目(项目编号:72332010),北京第二外国语学院青年学术拔尖人才(团队)计划项目(项目编号:BJTD22A002)资助。

# 编委会

**主 任：**

杨 婧  武守强

**副主任：**

李 彬  李朋波  江 静

**委 员：**

谷慧敏  秦 宇  张 超  雷 铭  张慧英  薛 欣

# 序

《酒店学人文集（2019—2023）》较前两册的时间跨度虽然有些长，但依然保持了北京第二外国语学院"酒店学人"鲜明的学术风格，即深厚的学理基础、宽广的国际视野和扎实的行业调研，以及看得懂、听得进、用得上的话语体系。

循着每篇文章后面的写作时间，可以清晰地看出文集全面、系统、深刻地反映了我国酒店业在过去五年的发展进程。过去五年，既有行业迈向高质量发展的阵痛、踯躅与坚守，也有行业在防疫抗疫方面体现出的责任、担当与无悔，还有行业不断推出新业态和新模式的创新、探索与成败，更有全体酒店人展现的行业操守与工匠精神。文集在关注行业的同时，也直面酒店教育与人才培养的新挑战。近年来，全国旅游院校的酒店管理专业在招生、就业、学科建设和人才培养模式方面的压力与日俱增，三年新冠疫情的影响更是雪上加霜。在全国酒店学人的共同努力下，不同层次、不同类型的酒店管理专业建设和人才培养也在理论和实践方面取得了显而易见的突破。

依托于全国首批酒店管理国家双万计划一流专业和中国旅游研究院饭店产业研究基地等平台，北京第二外国语学院酒店学人坚守在酒店管理教学、科研和社会服务的第一线，做出了极具辨识度的学术贡献，《酒店学人文集》就是其中的代表。

自2016年起，北京第二外国语学院酒店学人通过运维"酒店学人"公众号，广泛传播直面产业实践、突出原创观点的研究成果。八年来，近八十万字的文章已经集结成三册公开出版，内容涵盖了酒店管理各个领域，新版文集加入了新业态、新模式等内容。这些文字是该团队对酒店业、教育和学术界做出的专业贡献，在记录历史、点评行业、研究案例和建构理论的同时，努力提出发展方向和解决方案。我坚信这些贴近行业实践、感知行业冷暖、急行业之所急的文字是有实践价值也有理论意义的，对于推进旅游住宿业高质量发展和旅游学科体系、学术体系和话语体系建设做出了历史性贡献。这些文字看上去没有高大上的数学模型、理论模型和学术八股,并不能为研究和写作者在职称评定和科研申报方面提供什么奖励。然而,在课题和发表导向的学术环境下,能这样坚持下来,很不容易,非得有长期主义和理想信念支撑不可。

谷慧敏教授和"酒店学人"的同志们传承了北京第二外国语学院酒店管理专业"顶天立地"的学术基因和务实求真的治学风格,体现了一代又一代酒店学人薪火相传的学术使命担当,开拓了筚路蓝缕的成长路径。我看到在秦宇教授的带领下,新一代酒店学人已渐成气候,张超、李彬、李朋波等中青年学人不仅成长为教授和研究生导师,也在校内外的行政和组织岗位上做出了应有的贡献。我还看到很多酒店管理专业的研究生也加入了该系列文集作者的行列,年轻人思维敏锐、学术训练扎实,又赶上了文化和旅游深度融合、酒店业数字化转型和高质量发展的好时代,是酒店学人的未来。

期待第二外国语学院酒店学人坚持把《酒店学人文集》做下去,努力让每一篇文字都与行业近些、近些、再近些,让理论创新之火在酒店产业实践的大地上熊熊燃烧!

我会一直与你们同行。

中国旅游研究院院长　戴斌<br>
2024 年 1 月 7 日

# 前　言

《酒店学人文集》的第三册姗姗来迟。相比前两册，第三册用更长的时间跨度（5年）来展现北京第二外国语学院酒店学人对我国酒店业发展的深入观察与思考。五年来，我国酒店业发展的外部环境发生了重大变化，酒店产业遇到了前所未有的挑战，也出现了诸多创新发展的机会，大量新兴酒店业态和品牌不断涌现，特别是党的二十大报告所指出的中国式现代化正在引领酒店业走向转型升级的高质量发展阶段。

从外部环境来看，消费者对旅游住宿的多样化、个性化与高品质的需求正在深刻影响着大住宿业的多元化业态格局，并从消费理念、消费能力、消费行为等方面改变着酒店微观层面的产品和服务设计创新。宏观经济下行压力加大和宏观经济向高质量发展迈进对酒店产业的转型升级方向产生了重大影响。新兴科技则以前所未有的速度、广度和深度改变了和正在改变着酒店业的各个方面，酒店业成为以ABCD（A，AI，人工智能；B，Blockchain，大数据；C，Cloud computing，云计算；D，Data science，数据科学）为代表的新兴科技的重要应用消费场景之一，在未来也可能会反过来成为推动新兴技术创新的重要力量之一。

从产业环境来看，酒店业已经初步形成了以高星级酒店、经济型连锁酒店为传统业态，中端酒店、精品酒店、民宿、公寓、度假酒店、生活方式酒店、露营地、遗产酒店、电竞酒店等新兴业态不断涌现的产业格局。酒店产业的整体结构仍然以大量中小单体酒店为主（约占60%），连锁化率只有接近30%，这一结构特征带来了酒店业整体管理效率偏低、员工平均薪酬水平偏低等结构性问题。在文旅融合、产业融合大背景下，酒店业与文化、康养、体育、演艺、零售等多样化业态进行跨界融合创新，"酒店+"成为重要的商业模式创新趋势。

从企业经营管理来看，头部酒店集团以及一些新兴酒店管理公司在战略创新（如文旅融合、数字化转型等）、商业模式创新、管理模式创新、产品与服务开发等方面进行大胆尝试、守正创新，而一些中小酒店管理公司、中小单体酒店则在新冠疫情冲击影响下凭借顽强生存能力、通过构建灵活应对机制来提升韧性。

面对上述不断涌现的行业发展中的新现象、新问题，北京第二外国语学院酒店管理专业的老师和研究生们，始终秉持"酒店学人""扎根行业、创造价值"的价值理念，长期以来坚持把文章写在行业蓬勃发展的伟大蓝图上。尽管这些文章并不算老师和学生们正式的"绩效成果"，但每篇文章都体现了北京第二外国语学院酒店学人与行业同行、贡献于行业发展的责任担当。

本册文集按照酒店业发展中的不同主题进行编排，共包括四篇。第一篇为政策与战略，重点分析五年来相关政策对酒店业的影响以及酒店业应对和发展的战略。第二篇为新业态与新模式，围绕五年来出现的生活方式酒店、文化主题酒店、网红餐厅、遗产酒店、长租公寓等新兴业态及其运作模式进行分析。第三篇为数字化与运营管理，聚焦酒店业数字化转型与数智化发展背景下的人力资源、领导力及运营管理等方面并进行深入分析。第四篇为营销与服务，针对当下消费者的新需求、新消费以及新服务模式进行了多个主题的探讨。以上所收录的文章来自北京第二外国语学院酒店管理专业运营的微信公众号"酒店学人"，为了体现文章的写作背景和当时情境，我们列出了每篇文章的发表时间，并尽量保持文章内容的原汁原味，让读者能够充分体会到在过去五年的不同时间节点下，扎根实践的学术群体是如何对实践问题进行深入观察、研究和思考的。

感谢北京第二外国语学院旅游科学学院的大力支持，感谢中国旅游研究院院长戴斌教授对《酒店学人文集》一直以来的关怀、指导和鞭策。中国旅游研究院饭店产业发展研究基地，一直将本系列书作为重要研究成果，并以此带动基地整体研究方向、科研团队建设与人才培养。

道阻且长，行则将至。北京第二外国语学院酒店学人将不忘初心，继续以《酒店学人文集》为抓手，为行业发展、专业建设和人才成长贡献力量。

编者

# 目 录

## 第一篇 政策与战略

以中国式现代化引领酒店业高质量发展 …………… 李 彬 谷慧敏 003
以人口高质量发展支撑酒店业中国式现代化 ………………… 谷慧敏 007
新格局下我国高星级饭店服务创新战略思考 …… 李 彬 谷慧敏 秦 宇 009
文旅融合背景下新消费模式不断涌现 ……………… 李 彬 秦玉范 012
提升产业韧性 促进市场复苏 ………………………………… 谷慧敏 016
国外酒店可持续发展的实践 ……………… 张 昕 胡丹婷 秦 宇 019
"技术—顾客—文化"赋能酒店实现开放式创新
　　………………………………………… 李 彬 辛 欢 张 薇 022
家庭出游潮下的酒店应对之道 ……………………… 张 超 陈雪睿 026
酒店业勇担社会责任，传递正能量 ………………… 谷慧敏 王文秀 029
酒店"+社区"势在必行 …………………………… 李 彬 王倩文 031

## 第二篇 新业态与新模式

怎样信仰就怎样生活：生活方式酒店的"出圈"之道
　　………………………………………… 李 彬 张 薇 汪嘉晴 037
健康主题酒店"新"在哪里？ ……………………… 张 超 曹瑷珂 041
健康运动型生活方式酒店的经营创新 ……… 李 彬 张 薇 宋 杨 045
文旅融合背景下打造文化主题酒店的几点思考 …… 李 彬 辛 欢 049
潮起潮落的网红餐饮
　　——黄太吉的启示 ……………………………… 黄艳艳 李朋波 052

我在他乡"能"挺好的
　　——长租公寓业态分析 ················· 吕　妍　雷　铭　057
遗产酒店如何管理：且看国际经验 ············· 谷慧敏　李　哲　061
社交型酒店如何加速进入快车道 ·············· 李朋波　范　茹　066
开元酒店集团邂逅乡村振兴：酒旅企业市场下沉助推乡村振兴
　　 ··········································· 谷慧敏　唐　悦　069
高星级酒店餐饮外卖之路在何方？ ············· 张　超　范乙琼　074

## 第三篇　数字化与运营管理

酒店数字化转型困境的成因与对策 ······· 李朋波　王帅康　陈　涛　081
数字化时代的信息困境：酒店如何为顾客信息上把"锁"
　　 ··········································· 余琦斌　张　超　084
智能化酒店，不止是机器人 ············ 孙蓉蓉　段　壮　秦　宇　087
共情表达：酒店人工智能服务的双刃剑 ·········· 李　楠　张　超　090
服务业也呼唤工匠精神 ······················ 李朋波　靳秀娟　094
酒店企业如何吸引并留住90后员工 ············· 胡丹婷　秦　宇　098
酒店业需要服务型领导 ······················ 何颖春　江　静　102
多重路径促进饭店业工匠精神培育 ············· 李朋波　黄子欣　104
新时代酒店业如何留住员工？ ········· 江　静　董慧娟　关欣冉　107
隐居乡里的"共生式"运营模式 ··············· 姜姗姗　李　彬　110
一流企业线上培训做法对饭店企业的启示 ········· 段　壮　秦　宇　115
科技赋能，助力酒店高质量发展 ·············· 谷慧敏　孙雨佳　118

## 第四篇　营销与服务

新时代消费者出游意向的转变与对策 ············ 王帅康　李朋波　123
如何让中医药健康体验生活化：以知嘛健康为例
　　 ···································· 李朋波　高　静　黄子欣　126

将健康理念融入酒店产品与服务 ………… 李朋波　黄艳艳　周　莹　129
如何让投诉创造价值？酒店投诉管理的几点建议
　　………………………………………… 江　静　元　圆　吕一娜　132
"冰墩墩"火了，酒店吉祥物何去何从？ ……… 张　超　李睿妍　杨佳银　136
精品酒店如何做到价格亲民
　　——德国 Motel One 酒店的启示 ……………………… 王丹丹　秦　宇　140
多巴胺：美食旅游的快感来源 ……………………………… 张莹莹　雷　铭　144
风险规避 VS 风险寻求：音乐的影响 ……………………… 张莹莹　雷　铭　147
酒店行业践行节约之倡导 …………………………………… 雷　铭　陈　维　150
国际酒店同行减少食品浪费的实践及启示 ………………… 段　壮　秦　宇　154
酒店餐饮业无接触服务模式创新 …………………………… 谷慧敏　刘　艳　157

# 第一篇

## 政策与战略

# 以中国式现代化引领酒店业高质量发展

李　彬　谷慧敏

党的二十大报告指出，新时代新征程中国共产党的中心任务是以中国式现代化全面推进中华民族伟大复兴，这一重要论述为我国酒店业实现现代化和高质量发展指明了方向。尽管我国酒店业遭受了新冠疫情的巨大冲击，但在不断克服困难和转型升级中培育了韧性。在产业复苏和发展过程中，应深入研究中国式现代化的五个特征对中国酒店业高质量发展的引领作用，践行酒店业的中国式现代化发展理念，实现酒店业的中国式现代化目标。

## 一、人口规模巨大的现代化

人口规模巨大的现代化体现在我国酒店业，是我国拥有体量巨大的住宿需求市场和劳动力市场。

人的现代化是中国式现代化的逻辑起点和实践主线，充分体现了人民性。一方面，我国是超大规模经济体，是全球最大的单一消费市场。酒店业所面向的需求市场人口规模巨大，既有传统的、主流的观光旅游、商务、度假休闲人群，也包括异地考试、看病、办事、移动办公等更加多元化的人群，近几年也开始出现本地居民、社区居民等对酒店服务有需求的群体。我国酒店业的消费市场层级丰富、梯度化特征明显，为多元化产业业态发展提供了充分的市场条件。当然，也存在不均衡的问题，例如有北上广深等超大城市的住宿需求，有成都、杭州等新一线城市的新兴住宿需求，近几年也出现四五线城市、县级市的下沉市场以及中西部地区待开发的市场。

另一方面，我国酒店业的劳动力供给市场体量巨大。酒店业的劳动力规模大、密度大且层级丰富。根据相关报告进行初步匡算，全国酒店业拥有从业人员约300万人，加之民宿业从业人员约200万人，整个住宿业劳动力约500万人，其中既包括庞大的投资人、创业业主，也包括众多的职业经理人，更有面向广大人民群众的基层一线员工，这为发挥旅游带动就业作用奠定了坚实基础。

巨大的市场规模必将孕育出体量巨大的酒店产业和酒店企业。事实上，截至2021年年底，我国住宿业拥有36万多家酒店、1400多万间客房，已经是世界上规模最大的酒店产业。与此同时，我国酒店企业（集团）及未来形成的酒店生态系统的体量规模也将是巨大的，截至2021年，已有7家本土酒店集团进入全球酒店前20强，3家进入前10强，酒店业产业质量和国际竞争力在我国产业谱系中名列前茅。

## 二、全体人民共同富裕的现代化

全体人民共同富裕的现代化体现在我国酒店业，是在追求民生福祉、美好生活方面实现现代化。

酒店业是典型的民生行业、重要的生活服务业。与人民群众所拥有的旅游权利一样，全体人民也拥有去酒店消费的权利，这是大众旅游时代最为核心的特征，也是人民群众追求美好生活的必然要求。我国酒店业的发展能够加速城市化进程，对城市更新和改造起到重要的推动作用，为城乡人民群众追求美好生活创造更多条件和机会。例如，一些废旧厂房、办公楼等物业改造为新兴酒店，从而带动城市更新，拉动城市居民和旅游者的消费，为本地居民和外来人员创造就业岗位和创业机会。此外，我国酒店业发展也能够进一步推进乡村振兴工作，大量精品民宿、民宿集群、精品酒店、露营地、目的地酒店等建设运营，使得我国乡村旅游发展进入新阶段，能够壮大乡村集体经济，提高乡村人民生活水平，助力美丽乡村建设，实现乡村地区共同富裕。

我国酒店业已开始布局规模巨大的下沉市场，包括三四线城市、重点县级市和乡村，从而进一步改善我国劳动力在城乡分布、地域分布的不均衡状况，在产业结构优化的同时优化劳动力结构。此外，酒店业能够吸纳大量劳动力，尤其是大中型连锁酒店、高端酒店等，能够为农民工进城提供就业通道，并在持续的工作和培训中提升劳动力素质。

## 三、物质文明和精神文明相协调的现代化

物质文明与精神文明相协调的现代化体现在我国酒店业，是在追求硬件技术和软件服务的协调融合中迈向现代化。

硬件技术方面，物业集成化改造和模块化装修装饰技术使得酒店硬件产品生产技术真正实现工业化、标准化、定制化，酒店建筑施工及装修的工程技术效率

得到极大提高。同时，酒店业作为新的生活方式的引领行业，在吃、住、用、娱等要素领域的创新是社会物质文明进步的风向标。此外，包括大数据、人工智能、物联网、元宇宙等的新兴科技全面渗透和应用到酒店的运营、管理和服务各方面，为我国科技创新提供了充分的应用场景。可以说，得益于技术进步，我国酒店业实现了"硬件革命"、弯道超车，在硬件技术方面初步实现现代化，促进了我国物质文明建设。

软件服务方面，我国酒店业也开始予以高度重视，注重先进理念的借鉴与中国服务的打造。一方面，在文旅融合背景下大力推动有中国文化特色的生活方式酒店、文化主题酒店、文化遗产酒店等发展，促进中国文旅融合服务模式的全面推广、走向世界，从而促进精神文明建设，并提高国人的文化自信。另一方面，在全球化背景下借鉴各国优秀理念，通过中外合资和合作的模式，引入和打造更加多元化、全球本土化（glocalization）的酒店品牌，例如，首旅与凯悦打造的逸扉、锦江和希尔顿打造的欢朋等，从生活方式、文化底蕴、管理模式等方面提升了我国酒店业的国际影响力。

### 四、人与自然和谐共生的现代化

人与自然和谐共生的现代化体现在我国酒店业，是在"两山"理念、"双碳"目标指引下追求绿色发展和低碳环保的现代化。

我国酒店业始终坚持走绿色发展道路，在旅游星级饭店评定、绿色饭店评定等国家标准中充分体现绿色发展要求，坚持低碳环保理念，倡导绿色消费行为，坚定实施绿色战略与管理，如绿色建筑、绿色环保设备设施、绿色产品和服务、绿色运营管理体系等。此外，头部酒店集团及上市公司，如锦江、首旅、华住、君亭等，开始发布国际 ESG 评价体系报告及企业社会责任报告，采取负责任的绿色环保行为，努力践行企业社会责任，体现大国大企责任担当，为我国酒店业实现全面绿色发展、可持续发展起到了引领作用。

特别值得关注的是，我国很多自然生态环境优美但需要特别注重环境保护的地区，往往是远离城区的郊区、乡村地区，因为发展旅游和休闲度假等活动需要建设大量住宿设施。这些地区的住宿设施建设，如度假酒店、会议酒店、精品民宿、房车营地等，要坚守生态保护的底线和红线，坚持与当地自然生态、社会环境相融合，通过打造生态酒店、环保酒店、健康养生酒店等，实现酒店与自然的和谐共生。

## 五、走和平发展道路的现代化

走和平发展道路的现代化体现在我国酒店业，是在双循环格局下展示中国服务文化、倡导中国式生活美学以及促进中外人文交流的现代化。

我国酒店业中很多高端酒店是一个地区的地标性建筑，是该地区举办高端国际性会议和大型节事活动的重要场所，是一个城市的"会客厅"和文化名片，是对外展现中国发展成就、中国文明风尚和中国优秀文化的重要窗口。当前很多本土酒店在探索中国式接待服务模式，如首旅诺金酒店、白天鹅宾馆、海景花园大酒店、碧水湾温泉酒店等，用有温度的服务体现殷勤好客、无微不至、充满亲情的中国文化，很多酒店的服务在海外都有较高知名度。

我国很多本土酒店也是中国文化展示和传播的舞台、中外人文交流和文明对话的平台。例如，依托中华饮食文化进行餐饮创新，让宾客体验"舌尖上的中国"；依托中华养生文化，为顾客提供中国式健康生活方式体验；从中华优秀传统文化中发现中国式生活美学的真谛，让宾客在入住期间的日常起居和衣食住行中就能够深入了解中国文化。这些实践是新时代我国酒店业为加强中外人文交流、促进世界和平发展给出的中国模式、中国风格和中国方案。

2023.01.10

# 以人口高质量发展支撑酒店业中国式现代化

谷慧敏

2023年5月习近平总书记主持召开二十届中央财经委员会第一次会议，研究以人口高质量发展支撑中国式现代化问题。会议提出以人口高质量发展支撑中国式现代化，这为我国酒店业发展指明了方向。面对"少子老龄化"的新形势，我国酒店业发展模式应从以"人口红利"为基础转向以"人才红利"为基础，重点抓好以下三个方面的工作。

## 一、响应幼有所育的需求打造酒店产业新业态格局

幼有所育既是推动人口高质量发展的重要基础，也是中国文化的核心基础，蕴含着巨大的旅游市场潜力。酒店具有高度的文化属性，也是城市的地标和交流的"会客厅"。一是酒店可以围绕自身产品服务特点开发研学亲子旅游产品，满足游客对旅游教育产品服务的需求。二是酒店可以探索"教育+商业"的融合模式，将自身打造成研学旅游产品的配套服务商，结合亲子市场的特征，在住宿、餐饮、会议展览、健康休闲、特色非遗活动等方面提供配套和支持服务，丰富非传统酒店产品的供给。三是充分利用酒店作为生活服务提供者的优势，根据酒店空间设施和人力资源非均衡性的使用特征，为社区提供幼有所育的延伸服务。例如，目前有些行业如互联网、金融等，普遍存在996等超常加班现象，给许多年轻人造成生育抚育障碍。对此，酒店可以利用自身与社区联系紧密、空间和设施条件优越、安全性强、信任度高、服务体贴周到等优势，进一步深耕社区，为年轻父母提供课后幼儿看护、幼儿辅导等服务，解决育龄父母的后顾之忧，助力建设生育友好型社会。

## 二、响应老有所养的需求拓展酒店新市场

老有所养是推动人口高质量发展的重要保障，是中国孝文化的核心基础。围绕老龄化这一重大命题，旅游企业可以强化下列工作：一是围绕自身产品服务特点大力发展银发经济，开发老年旅游产品，满足老年顾客对康养产品的需求，如"旅游＋酒店＋养老"业态的创新，助力实现老有所养、老有所为、老有所乐。二是酒店应进行适老化设施改造，在住宿、餐饮、健康休闲等方面进行适老化设计及升级改造，提升便捷性和舒适度，如增加卫生间防滑设施、紧急呼叫、养生餐饮及亲老技术运用等。三是酒店应加强与社区的联系，为社区老年人提供有文化、有温度、有价值的产品和服务，营造积极老龄化环境氛围，提升老龄人口的幸福感和获得感。四是加强与地方政府的沟通合作，全方位整合利用财税、人才等资源力量，促进养老社区的建设与服务的高质量发展。

## 三、加强酒店人力资源开发利用，提高从业人员整体素质

一是各级文化和旅游部门应坚持以人口高质量发展为指导，立足战略统筹，高度重视服务业人力资源素质在国家人口高质量发展中的战略地位和基础作用，制订全面系统的"人才强旅"计划。如文化和旅游部今年举办全国饭店服务技能大赛、人社部引入"世界服务技能大赛"等，以赛促学，培育大国服务工匠，创造有利于行业发展的劳动力总量势能、结构红利和素质资本叠加优势，促进酒店人力资源与行业竞争力协调可持续发展，为全面建设酒店中国式现代化、实现酒店业高质量发展提供坚实基础和持久动力。二是酒店企业要将员工培训提升到战略地位，并提供长期、稳定和充足的人力、物力、财力、制度和时间保障，解决人才流失的根本问题。例如，开元集团连续举办多场餐饮交流活动，邀请全国知名的烹饪大师以及米其林、黑珍珠餐厅的主理人前来交流学习，着力提升菜肴的市场竞争力。同时，通过设立"名厨"，提升核心餐饮人员的职位和待遇等，持续加强对餐饮人才的培养。三是加强酒店人力资源教育培训共享平台建设，鼓励酒店与平台企业、教育机构、行业协会等深度合作，整合资源开发培训内容，提升培训效率和效益，完善全员终身学习推进机制，构建方式更加灵活、资源更加丰富、学习更加便捷的终身学习体系。

2023.05.20

# 新格局下我国高星级饭店服务创新战略思考

李 彬　谷慧敏　秦 宇

中国共产党第十九届中央委员会第五次会议审议通过的《中共中央关于制定国民经济和社会发展第十四个五年规划和二〇三五年远景目标的建议》（以下简称《建议》）提出了"加快构建以国内大循环为主体、国内国际双循环相互促进的新发展格局"，并指出"推动生活性服务业向高品质和多样化升级"，这一重要指导思想为我国高星级饭店转变发展方式、实现高质量发展指明了方向。改革开放以来，星级饭店一直是我国旅游业乃至大服务业发展中的典型代表，是我国最早与国际接轨的行业，是塑造国家形象、展示中国服务的平台。

然而进入 2009 年，由于受到国内外各方面复杂因素的影响，星级饭店业发展遇到了外部市场动荡、运营管理效率低下、商业模式扭曲、基层管理者和服务员流失率居高不下等诸多问题，亟须通过创新驱动发展，摆脱原有发展路径的锁定状态。其中，服务质量问题是"牛鼻子"问题，受到社会各方面关注。2010 年国家旅游局召开了"五星级饭店质量提升大会"，专门对服务质量问题做出了重要指示。2017 年开始相继出现了"床单门""卫生门"等有关高端饭店服务质量的社会热点事件。可见，服务质量问题是高星级饭店创新发展过程中亟待变革方面的一个集中反映，需要通过二次创新、变革式创新来驱动新一轮的发展。

## 一、新格局下高星级饭店的地位与作用再认识

高星级饭店在改革开放之初因接待外宾、赚取外汇的主要目的而产生，以"国际循环促进国内循环"为主。之后，在相当长时间内，高星级饭店主要作为房地产、文旅项目的配套设施，政府及央企国企等的接待设施，形成了以国内外高端商务、政务消费人群为主要目标市场，市场化运作不充分甚至与正常商业逻辑相背离的"国内循环"模式。

新时代新格局下，高星级饭店应重新调整定位和发展模式。一方面，在地位和作用上，不应只是作为我国文旅产业的配套设施，还应在多方面重新突出星级饭店的地位和作用，重新塑造产业形象。例如在政治责任和社会责任方面，高星级饭店在国家和地方的重大政治活动、国际大型活动等方面继续承担高水平的服务接待，特别是作为行业标杆向"一带一路"共建国家输出"中国服务"标准和模式。在吸纳本地与外地人员就业、承担慈善与环境保护等社会责任方面，高星级饭店也发挥了重要作用。社会生活方面，高星级饭店在高端生活方式、服务方式上具有引领作用，是推动社会文明进步的重要力量；文化传承方面，高星级饭店将地域文化融入饭店的产品与服务中，作为地标与"窗口"进行展示与传播，既是重要的文化形象载体，也是向世界展示中国文化的重要载体。另一方面，在发展模式上，高星级饭店应将国内市场作为主要目标市场，深入挖掘本土中高端消费者在度假、休闲、商务、会议、餐饮、亲子等方面的需求特点，创造性地推出适合本土消费者的产品和服务，特别是要与饭店所在地的地域文化特色、本土市场特色、社区各项活动相结合，实现高星级饭店的转型发展。

## 二、新格局下高星级饭店服务创新战略与实现路径

新格局下高星级饭店可将"服务创新"作为突破口，采用"一体两翼"的战略性发展思路。其中，"一体"是始终坚持以满足顾客需求、提升服务品质为根本出发点，目标是打造成为具有文化特色和品牌个性的住宿体验目的地。"两翼"是"文化赋能和品牌驱动"。文化赋能是在文旅融合背景下，通过地域文化、民族文化和其他文化要素的注入，提高饭店的定位、格调、品位，提升饭店的服务溢价能力。品牌驱动是在顾客消费升级和个性化需求的基础上，强化品牌意识，突出品牌"调性"，通过品牌化与顾客建立情感联系。

围绕高星级饭店的服务创新战略可通过如下几条路径来实现。

路径一：星评标准筑创新底线

服务质量是服务创新的基础，依据《旅游饭店星级的划分与评定》标准来提高基本的服务质量水平是高星级饭店实现服务创新的"底线"和保障。因此，对标准的内容，星级标准的制定机构应根据饭店业市场、技术、产业、政策等现状与趋势及时进行调整（目前标准仍然是2010版，相关修订工作已于2017年启动），对星级标准的实施制度等方面，也要及时进行调整，目标是通过强化该标准的实用性、指导性、权威性，来保障全国五星级饭店基本的服务质量。

路径二：文化赋能创新

《建议》提出要推进文化强国建设，推动文化和旅游融合发展，建设一批富有文化底蕴的世界级旅游景区和度假区。很多高星级饭店、度假村都是当地的地标性建筑和文明展示窗口，它们将该地域（城市、乡村）特色文化融入饭店产品与服务中，通过举办各类重要文化活动和会展会议展示和传播地域文化，是重要的文化形象载体。它们以地域文化、民族文化中的要素作为产品服务的"体"，以当前国内外时尚、现代要素作为产品服务的"用"，实现"体用结合"的文化赋能创新，通过文化提升服务的品位、品质，进而产生服务溢价。例如北京的诺金酒店及上海的阿纳迪酒店、英迪格酒店等就采用此类创新方式。

路径三："中国服务"品牌化创新

《建议》中强调要坚定文化自信，提高文化软实力。40多年来，我国高星级饭店中的"中国服务"模式已初具影响，其中有代表性的是广州碧水湾酒店、青岛海景花园大酒店、北京宴等酒店的餐饮服务。新冠疫情对国际高星级饭店发展、国际旅游发展有较大冲击，为我国民族饭店品牌的崛起带来了机会。高星级饭店需要认真研究本土市场需求，擦亮"中国服务"这张金名片，探索中国服务模式的内涵特点、品牌化路径等。

路径四：数字化技术赋能创新

《建议》中提出要加快数字化发展，推动数字经济和实体经济深度融合。以"新基建"为基础的新兴科技将会进一步融入高星级饭店的各个服务场景，引领数字经济下现代服务新模式。高星级饭店一方面要通过新兴科技的引领为顾客提供无接触服务、数字化体验场景等创新服务；另一方面，要加快数字化转型和组织重构，通过新兴技术重塑服务流程、提高服务效率，转变低效率的传统服务模式，通过新兴技术赋能高星级饭店运营管理水平的整体提升。

路径五：跨界品牌融合创新

为摆脱部分高星级饭店长久形成的"内卷化"服务模式，充分采用开放式创新的跨界业态融合是当前服务模式创新的重点。高星级饭店可通过与其他新兴业态的服务模式相融合，如智能商业、新零售、时尚设计、共享经济等，在产品与服务的IP创意打造、数字化服务流程再造、场景化消费体验、新兴盈利模式等方面实现有创新有突破。

2020.11.25

# 文旅融合背景下新消费模式不断涌现

李 彬 秦玉范

"十四五"规划纲要提出的"双循环"新发展格局凸显了拉动内需、促进消费和提振信心的重要性。文化旅游消费逐渐受到旅游目的地政府和文旅企业的高度重视,特别是中等收入群体和新生代消费者群体的崛起正在推动未来文旅消费的升级与变化,决定了文旅新消费模式的发展趋势;同时,新兴科技手段在文旅场景中的创新应用,更加丰富了文旅产品的新供给,进一步加速了文旅新消费发展。在文旅融合背景下,近几年全国各地纷纷深度挖掘地方特色文旅资源,打造新业态、提供新产品,以满足消费者的新需求,"诗和远方"正在不断释放出促进文旅消费的新动能。

本文对文旅融合背景下的新消费模式进行初步总结,从升级型消费、新业态消费、线上线下融合消费、网红消费、夜间消费和IP消费等方面进行介绍,以期为旅游目的地行政管理部门、文旅企业创新提供思路借鉴。

## 一、促进升级型消费发展

近些年,受到城市快节奏带来的身体和精神压力影响的城市人群,尤其是中等收入人群,更加追求健康、高舒适度、高品质的休闲度假生活方式,新冠疫情的影响使得这一人群对康养、休闲的需求更加强烈,由此"微度假"模式逐渐兴起,成为在传统旅游消费模式基础上升级的新消费方式。

"微度假"模式引领着城市周边游、自驾游市场步入新的发展阶段,一般围绕着大城市的郊区或乡村开展度假休闲活动,1~2个小时的自驾车程,产品结构由与度假休闲体验相配套的众多要素构成,如度假酒店(度假村)、精品民宿、购物(如奥特莱斯)、美食、各类主题性娱乐活动、时尚户外休闲项目等,产品的档次和品质较高,是传统度假周边游的升级版。例如北京密云的日光山谷,作为一个高端自然度假营地乐园,包含了露营住宿、会所、户外运动、自然教育、亲子娱乐、特色餐饮等多种度假休闲要素，是一个典型的微度假消费目的地。又如北京房山区的天开野餐露营公园学习国际露营"Glamping"模式，融合音乐会、亲子娱乐、瑜伽运动、野外蹦迪、精品民宿等主题性度假休闲产品，满足了中等收入群体在升级型文旅消费方面的需求。

## 二、推动新业态消费成长

目前新业态消费是新生代消费者追捧的热门领域，大致分为"文旅融合类"和"文旅+"两大类型。其中文旅融合类的有历史演艺类、艺术空间类、主题文化公园类、非遗民俗类等。例如，北京市推出"漫步北京"城市休闲文化游主题精品线路，使北京城市历史文脉和现代都市文明通过古建筑、特色街巷、美食、网红打卡地等元素有机融合。南京市秦淮区的实景互动演艺"南京喜事"，则是将蕴含地方特色元素的道具如云锦、剪纸、竹刻等运用在话剧演艺中，让消费者深入体验南京文化韵味。江西景德镇古窑民俗博览区将文化博览、陶瓷体验、娱乐休闲融为一体，营造浓厚的非遗文化氛围。

"文旅+"模式的跨产业融合作为传统"旅游+"的升级，延续了"旅游+"跨产业融合的范式，是指文旅产业可以作为先导或引领，以工业、农业、体育等多产业中的核心要素作为旅游吸引物，进而实现一、二、三产业的相互融合。如"文旅+休闲农业"项目，一般由特色餐饮品尝、农产品生产采摘加工体验、主题田园景观游憩休闲等活动组成，如安徽的风之谷自然农场凭借原生态的自然环境，为消费者提供有机食材采摘、自助烹饪、农事劳作体验等高品质的生态农旅融合产品。

## 三、强化线上线下融合消费

"互联网+旅游"和数字文旅发展，促使线上和线下相融合的消费模式迅猛发展。线上线下融合消费的模式大致有如下几种：一是线上场景（实景虚拟化）+线下实地场景体验，典型例子如故宫博物院与观众相约云端，分享"数字故宫"的故事，敦煌研究院推出微信小程序"云游敦煌"，带领游客远程畅游敦煌石窟等。二是线上直播（带货）+线下实地场景体验，旅游者通过在线上与旅游景区、达人的深度互动，实现"先种草，后出行"，即从线上了解各类旅游产品信息并"安利种草"，到线下实地场景亲身体验。三是线下实地场景体验+线上产品介绍、活动推广和购物指南，典型例子如北京市东城区打造的"故宫以东、一见如故"公众号。四是在线下实地场景中运用VR、AR等新兴数字技术打造数字化体验场景，如数字艺术空间、沉浸式数字化体验项目等，如上海外滩星空错觉艺术馆利用 5D 立体环绕技术和 LED 灯光投影技术展现视觉错位艺术，如山西文旅数字体验馆运用全息成像、动作捕捉、CAVE 空间等技术还原展示山西深厚文化底蕴。

### 四、打造网红消费新模式

随着新生代消费群体成长以及自媒体平台发展，文旅消费越来越受到"网红"的影响。网红消费是粉丝经济、社群经济的延展，由网红效应引发的消费正成为文旅新消费的新亮点。网红消费模式是，一般有着地标性或标签化的独特网红打卡地、特色主题的人文体验活动或者沉浸式的演艺活动等，在营销推广方面，借助自带流量的网络大 V 通过互联网进行直播带货，或者直接与新媒体平台合作进行宣传推广。例如古都西安的大唐不夜城凭借着摔碗酒、不倒翁演艺等极富参与性和互动性的场景化主题活动成为网红打卡地。又如，四川理塘小伙丁真在网络上意外走红，粉丝量剧增的同时被当地选为旅游形象大使，通过拍摄宣传片等方式展示当地文化和旅游，带动边远地区旅游发展。

### 五、激活夜间消费潜力

近年来，夜间消费已成为各地刺激消费、拉动经济发展的新引擎。夜间消费是指当日 18 时到第二日 6 时之间发生的消费，当前传统的夜间文旅消费产品主要是餐饮、商圈购物、剧场、游船、灯光秀等，而博物馆展览、深夜书店、体育竞技等产品相对匮乏。根据中国旅游研究院公布的《2020 年中国夜间消费行业发展现状分析》，文化艺术场馆、电影院、剧场、夜市被认为是最有吸引力的夜间消费场景，因此，为消费者提供业态更加多元、产品更加多样的夜间文化旅游消费场景势在必行。

例如：2020 年北京市政府为刺激夜间消费实施了"点亮北京"夜间文化旅游消费计划，实现了日间消费和夜间消费有效衔接；重庆通过布局夜市街区、举办夜市文化节、完善夜市配套设施等一系列举措丰富了夜间经济文化内涵，塑造了重庆夜市品牌；温州"行浸式"夜游演出"塘河夜游"，则在游船基础上增加文化表演，带给消费者视觉和精神上的双重享受，成为温州最新的文化秀场。

### 六、繁荣 IP 消费新模式

IP 凭借着自身独特的价值属性、凝聚粉丝和扩大流量作用、较强的变现能力逐渐受到文旅产业关注，部分传统IP周未能随时代发展而注入新的元素，从而没有充分发挥其价值。而时尚IP通常具有感官体验独特、反映新时代特定主题、能够与当下特定人群产生情感共鸣等特点，成为文旅新消费的新模式。例如北京乐高探索中心凭借"乐高"这一反映童趣、创造、亲子教育主题的时尚IP，打造亲子游乐场吸引不同年龄段的孩子；重庆"夜夜夜阿狸"主题夜游活动，以国内当红动漫形象"阿狸"为主题举办各类活动，迎合了动漫迷的需求，充分展示了时尚IP吸引粉丝和变现的能力。

总之，文旅融合大背景下涌现出了多种新消费模式，这些模式之间也在相互融合，旅游目的地的行政主管部门和文旅企业可以综合把握这些模式的主要特点，不断探索实践，共同推动文旅融合的高质量发展。

2021.03.06

# 提升产业韧性　促进市场复苏

谷慧敏

**一、正确研判形势，坚定发展信心**

2020年的新冠疫情虽然影响强度大、范围广，但其影响是外生性的危机，中国文旅消费市场总体面长期向好趋势并未改变，相信通过本次疫情的浴火淬炼，文旅市场会更加健康理性，产业结构的调整步伐会更快，产业的韧性也更强。我们的信心基于以下四个判断：

第一，中国市场规模大、纵深性强。中国是全球最大的个体消费市场，市场总量全球第一。中国有14亿人口，广大人民群众对美好生活的追求将使得文旅消费市场基础进一步扩大。中国现有文旅企业消费市场开发率较低，增长空间巨大。中国目前文旅企业消费市场上的人口基数是不到4亿人口的中产阶层，随着全面小康社会建设和脱贫攻坚任务的完成，三四线城市和乡村将成为未来市场增量的动力源泉，届时将有超过10亿的人口进入文旅企业市场，这也给当前文旅企业市场下沉的合理性找到了理论依据。

第二，中国"新基建"带来了产业空间布局优化和数字文旅发展的机遇。"新基建"短期有助于扩大需求、稳增长、稳就业，长期有助于优化产业空间布局，释放中国经济增长潜力。从这一视角出发，一方面全国文旅基础设施区域平衡进一步加强，中西部地区有望进一步加快发展步伐；另一方面，促进文旅企业数字化能力提升，提高管理服务效率和质量水平。由于中国在这一领域与发达国家同步，加上中国是全球最大的单一电商市场，移动支付使用人口达96%（美国为15%~17%，欧洲小于10%），这些构成了高技术应用的最大市场，为创新提供了最丰富的体验和服务场景，为中国文旅业实现弯道超车奠定了雄厚的技术和市场基础。

第三，中国集体主义文化催生了全球最大的社交市场。根据霍夫斯泰德理论，西方文化倾向于个人主义，儒家文化则倾向于集体主义。这使得两种文化在社交表现上存在差异，前者强调个人发展、自助、关注隐私等，而后者更强调圈层关系和情感纽带。在高度集体主义文化下，基于血缘、学缘、业缘等的家庭、同门、同事、朋友社交圈关系维系成为人际交往的核心。这一文化特质为文旅企业产品和服务提供了巨大的刚性市场空间，且有更强的稳定性，如亲子游、婚宴、毕业宴等，市场极为稳定，据统计，中国有全球最大的在外用餐市场。

第四，中国国际地位的上升和国际交流的加强为文旅企业国际化发展带来巨大空间。从历史视角看，经过70多年的砥砺奋斗，中国正在从国际社会的边缘走向中央，政治、经济、外交和军事等实力也在稳步增强，中国在国际组织和规则中的话语权也在提高，进而使中国企业品牌的国际认知度和美誉度得到进一步提升。近年来，跻身国际前列的中国文旅企业品牌数量稳步增长，中外品牌的融合度也在进一步提升，这些都为我国文旅企业的国际地位和国际竞争力奠定了坚实的基础。

## 二、积极应对危机，提升文旅产业韧性

商业发展趋势显示，成功企业对韧性的需求呈现不断增长的态势，特别是在经济低迷时期，组织韧性被视为渡过难关不可或缺的特性。文旅产业韧性（亦称弹性，即恢复力、复原力、修复力）指其最大限度吸收外界干扰的能力，包括对外界扰动冲击的抵御能力、适应能力与实现全新发展的转型能力，它是文旅产业高质量发展的核心要素。提升文旅企业韧性的关键在于以下几点。

1. 要利用"创造性破坏"，化危为机，促进产业结构升级

奥古斯丁（Augustin）认为："每一次危机本身既包含导致失败的根源，又孕育着成功的种子，危机管理的精髓在于发现、培育，以便收获这个潜在的成功机会。"目前工作的重点是要把握市场变化特征，开展创新经营。本次疫情使中国社会文化产生重大变化，进而带来旅游消费理念及旅游业态和产品服务的变革，体现为：一是由快速崛起型经济体中的炫耀性消费向理性消费转型，顾客对产品功能性和体验性的需求进一步加强，亲民品牌进一步崛起；二是传统文化中因部分陋习而形成的畸形消费向文明消费转型，消费者对旅行中的公共卫生安全、绿色生态、健康休闲、野生动物伦理等更加关注，对文化场所、景区、酒店、餐馆、机场及飞机、火车、旅游汽车、邮轮等旅行交通工具的清洁消毒标准提出更高要求，对旅游供应链体系安全提出高标准和新要求，公筷、分餐制会在中国加速普及，食品供应链应可追溯和可监控，国际进口食品检疫要求更高，冷链食品

供应链管理和服务流程更科学;三是对无接触服务的接受度显著提升,景区人脸识别、餐厅中的即点即走、视频会议、机器人送物,机器人导游、虚拟现实与增强现实体验等服务模式将越来越普及,以"平台+颗粒"模式打造深度数字化文旅企业,为产业链上的旅游者、旅行社、酒店、交通企业、监管部门等众多颗粒加上智慧旅游平台的赋能,以最低的交易成本和最高的效率带来服务和商业模式的变革。

2. 要树立风险意识

如新冠疫情这样的公共危机是全民风险社会的启蒙课,也是文旅企业风险意识强化的催化剂。文化和旅游消费不是基础性刚性消费,它具有高度敏感性,因此需要建立相应的风险对冲机制和体系。一是通过深度产业融合发展来提升文旅产业的可转换性和多目标性等,如虚拟旅游的文化性与现场旅游的体验性二者之间可以形成对冲机制;二是建立风险防控体系,提升文旅企业财务韧性。具体包括:

第一,明确现金流预警线,提升文旅企业财务风险管控能力。疫情期间很多企业陷入现金流不足的困境,尽管政府制定相关扶持政策,但从长远看,健康的现金流是保持和恢复业务连续性最核心的资源。

第二,加强市场研判,实施理性扩张战略。我国处于快速发展期,一些文旅企业纷纷扩大投资规模,很多集团也通过高杠杆或资本市场融资得以迅速扩张,这些都给企业应对突发危机埋下隐患。

第三,建立保险分摊和利益相关者分担机制,构建风险共同体。华住等大型文旅企业集团下调或免除管理费,携程、去哪儿、美团、小猪等众多平台推出免费退订服务,携程等还推出"旅游复苏数据平台",美团推出7亿元春风行动计划,东呈等集团联合金融机构面向全国文旅企业投资者推出金融支持等,与消费者、合作伙伴及员工共担风险,这也充分体现出我国文旅企业正在从被动出招走向积极应对的成熟阶段。

3. 要强化同舟共济和守望相助的社会文化

卡顿(Coutu)认为,组织文化是组织韧性形成的不可或缺的因素。新冠疫情中政府出台了各种措施来扶持企业,但面对长期广泛的各类市场冲击,仅仅依靠政府是不够的,还需要全社会的情感和精神认同。要通过政策和舆论引领来倡导社区支持性消费,引导和鼓励广大消费者支持社区企业,帮助其渡过难关。同时,积极扩大消费券的应用场景,提升使用效果,进一步推动文旅企业复苏。

2020.08.07

# 国外酒店可持续发展的实践

张 昕 胡丹婷 秦 宇

党的十八大以来,生态环境保护备受重视。《中共中央 国务院关于加快推进生态文明建设的意见》提出:"培育绿色生活方式。倡导勤俭节约的消费观。广泛开展绿色生活行动,推动全民在衣、食、住、行、游等方面加快向勤俭节约、绿色低碳、文明健康的方式转变,坚决抵制和反对各种形式的奢侈浪费、不合理消费。"可持续发展是一个行业持续发展的不竭动力,目的是要实现可持续经济、生态和社会三方面的协调统一。酒店作为社会经济主体的一部分,如何在提供服务产品的同时更好地节约资源,是实现酒店可持续发展的重要议题。同时,越来越多消费者的生态环保意识被唤醒,消费者的绿色需求也不断增长。国际酒店同行在生态保护和可持续发展方面有较多新颖的做法,本文将介绍这些做法,以期对国内酒店的绿色生态和可持续发展有所借鉴。

## 一、积极承担可持续发展的责任

一些酒店集团将酒店生态发展目标作为企业重要战略,积极承担可持续发展的社会责任。第三方绿色认证是衡量酒店节能的重要标志,也是酒店环保的品牌象征。绿色地球仪认证、美国绿色建筑评价体系认证、北欧白天鹅生态认证、可持续建筑的德国印章等指标均是衡量酒店生态影响的关键,生态指标的认证有利于增强酒店的市场认可度,促进酒店的绿色节能发展。与环保组织的合作也是酒店承担生态环保责任的体现。例如,所有金普顿酒店(Kimpton Hotels)均与"清洁世界"合作,该组织收集并回收由酒店业丢弃的肥皂和卫生用品,将捐赠的肥皂融化,对所得混合物进行消毒,然后把它们变成新的皂条,将其分发给全球的贫困人口,通过全球范围内的肥皂分配和卫生教育计划改善全球健康状况并减少疾病传播。再如,北欧的斯堪迪克(Scandic)酒店集团早在1993年就启动了酒店的可持续发展项目。1999年,斯堪迪克旗下的一家酒店首次获得北欧生态标签认证，目前其旗下超过一半的酒店分别获得了北欧生态标签认证或德国和波兰的绿色地球认证或欧盟生态标签认证。这些认证要求酒店在二氧化碳排放、水和能源消耗、废物管理和化学品使用方面符合组织的准则。斯堪迪克以联合国可持续发展目标为指导，制定了酒店可持续发展的四个目标：多样性与包容性、健康、二氧化碳排放、废物管理。

又如，雅高酒店集团为保护环境，推出"PLANET 21"环保计划，鼓励集团酒店在经营的过程中贯彻可持续的发展理念，将"健康的食物"与"节能建筑物"作为亟须解决的两个关键问题。"PLANET 21"环保计划将酒店员工、住店旅客、合作伙伴与当地社区统一起来，多方共同参与酒店环保事业。

## 二、鼓励节能措施的推广

生态酒店在设计与经营的过程中要考虑到对环境的影响，要将对环境的污染与资源的浪费降到最低。高效节能产品在酒店的运用是减少酒店资源浪费的有效途径之一。生态酒店能源供应的主要部分依靠可再生能源，采用低能耗 LED 照明、节水控流系统、太阳能电池板或风力涡轮机——这些措施都可显著降低酒店的碳排放。科技的发展同时也便利了酒店节能措施的开展。喜达屋资本集团（Starwood Capital Group）旗下的 1 hotel 酒店所开发的 App 智能设备在为住店客人提供便利的同时，也为无纸化办公创造了条件，客人可以通过此 App 控制房间的电视和温度，也可以预约房间服务、联系前台预订相关酒店产品，这不仅提升了服务效率，也为酒店更好地节约纸质资源创造了条件。同时，酒店还可采取多种环保措施，如不提供一次性瓶装洗漱用品，客房内不提供纸张，移除塑料垃圾箱内袋，用可循环使用的玻璃瓶装替换一次性洗护用品，在酒店中使用有机回收材料制成的毛巾或床单等物品，征得客人同意后减少房间打扫次数，回收客房日用品如肥皂、未开封牙膏进行捐赠等。

## 三、在酒店打造绿色生态环境

构建生态有机的环境氛围，让游客在住店的过程感受绿色与健康是生态酒店发展的重要环节。1 hotel 酒店管理人曾提出："在酒店中捕捉大自然的美，并承诺尽我所能去保护它，是 1 hotel 酒店人的责任。"1 hotel 酒店将人们丢弃的、被甲壳虫蚕食过的树木作为房间天花板上的木材进行重新加工与使用，在构建特色酒店的基础上保护资源，使用自然产品作为酒店展示的艺术品。该酒店种植了上百种绿色植物，为客人提供绿色舒心的住宿环境。同样，Zleep hotels 酒店在屋顶上种植了环保的绿色植物，形成了绿色屋顶，用植物来调节酒店温度：夏天，屋顶的绿色植物会反射阳光，对酒店建筑物进行制冷；下雨时植物会吸收雨水，不仅起到了过滤噪声的作用，而且能延长屋顶的使用寿命，与此同时，绿色屋顶也成为动物的新栖息地。

### 四、鼓励客人参与环保事业

旅客的参与对于酒店环保措施的开展有重要的作用，向客人宣传可持续生态理念是酒店绿色健康发展的重要前提与必要基础。1 hotel 酒店中贴有环境保护的标语，房间的服务人员也会鼓励所有的顾客节约资源，例如酒店的淋浴间内布置有计时器，提醒每一个人：节约时间，就能为地球做贡献。酒店还会开展各种自然与有机的活动，在每个酒店的大厅都有农贸市场供游客采办。这些来源于当地农贸市场的有机农产品、时令蔬菜也会在酒店中使用，不仅能促进当地生态产品的消费，同时也会减少食物运输的碳排放。伦敦的德雷科特酒店（Draycott Hotel）提出了针对宾客的绿色政策，引导客人加入环保事业中。客人可以通过离开房间关灯、关闭水龙头、对垃圾进行分类投放、减少毛巾与床单的更换次数等形式参与到酒店绿色发展理念的实践过程中。同时，客人可以将不需要的图书带到酒店，酒店将出售它们并将收益捐给当地的慈善机构。此外，酒店还会为游客提供当地景点的步行地图，鼓励游客步行、骑自行车或使用伦敦公共交通工具出游，减少旅行途中的碳排放。

可持续发展不仅是时代发展的潮流，也是酒店行业发展的必然趋势。上述国外酒店承担可持续发展责任、实施节能措施、打造酒店绿色生态环境以及鼓励客人参与环保行动等的可持续发展措施，能更好地为国内酒店业节约酒店资源、减少酒店浪费提供借鉴与参考，同时也为酒店行业的发展贡献了力量。

2021.01.15

# "技术—顾客—文化"赋能酒店实现开放式创新

## 李 彬 辛 欢 张 薇

创新是我国酒店业实现高质量发展的关键动力，国务院最新印发的《"十四五"旅游业发展规划》中就明确提出旅游业发展要坚持创新驱动。然而长期以来，很多酒店的创新仅仅是围绕产品和接待服务进行的模仿式、封闭式创新，没有跳出酒店业来考虑创新。本文认为，酒店可以采用开放式创新策略，以更广阔的视野、更跨界的资源来探索新的路径。开放式创新是企业将研发与设计的边界不断放开，将企业外部的技术、顾客和文化等作为创新的动力和来源，相比于封闭式创新具有更广泛的创意来源、更丰富的创新资源等优势。"越困难，越要开放；越开放，越能创新"是酒店业走出当前困境、实现转型升级的重要途径。本文总结我国酒店从技术、用户和文化三个维度来赋能开放式创新的典型案例，以期对酒店业创新驱动的高质量发展路径提供参考借鉴。

## 一、技术赋能酒店开放式创新

近年来，新兴数字化科技高速发展，可以赋能酒店行业进行创新。借助数字化技术优化酒店运营、管理、服务等流程，促进酒店实现全方位的开放式创新。

雅斯特酒店集团是酒店数字化创新探索者，2013年从PMS信息系统构建开始进行数字化创新，2018年收购技术团队公司，2019年与钉钉进行战略合作，采用自主研发+第三方赋能的模式进行集团数字化战略实施，目前已经将数字化全面应用于酒店集团管理的各个方面。

比如在内部管理方面，雅斯特研发了多款App以实现酒店的数字化管理。运营部门雅云智App的上线使门店可以根据不同的市场环境灵活进行价格的调整，审批层级缩减至三层以内，提升了经营决策的速度；在供应链管理方面，雅斯特借助技术开发MRP精选猫商城，供应商直接入驻商城，雅斯特进行平台管理，聚焦于供应链产品标准化定制，从而实现品牌统一的把控，激活品牌增值价值；在财务方面，财务部门全面上线了易快报App，通过在事前、事中、事后对预算数据进行管理，通过管控预算，将管理提前，实现对管理者进行警示的作用。除此之外，雅斯特还自主研发了酒店PMS3.0、金管家、云早餐等小程序，这些小程序的顺利投入使用在帮助加盟伙伴保证服务品质的情况下，最大限度地缩减了成本，提升了人效比。

除了研发App实现对酒店的数字化管理，雅斯特还通过和小程序、友盟等进行三方合作，记录线下用户行为，挖掘用户特征，通过数据分析绘制用户画像，进而在线上针对特定顾客群体开展营销活动和社群活动，实现精准营销。在新冠疫情期间，雅斯特还通过沟通在线、组织在线、业务在线、协同在线的数字化工作模式，合理有序地在"线上"进行着各项工作，展现出了数字化赋能下的酒店的抗风险能力，这也是对酒店之前数字化战略实践的一次检验。

## 二、顾客赋能酒店开放式创新

顾客作为酒店服务的对象，其想法和需求往往是酒店创新的来源。充分吸收顾客的意见和考虑顾客内心的需求，将之应用在产品与服务的设计环节，并使得顾客参与创新过程，是开放式创新的重要方面。

比如亚朵酒店，通过引导顾客深度参与、研发以IP带动社群的IP酒店、研究社区中心酒店等措施，"开放"亚朵酒店与顾客之间传统意义上的"顾客—酒店"边界，从而探索出了从经营酒店空间到经营人群和社区的创新实践。

亚朵酒店高度关注顾客的意见和反馈。一方面，重视顾客的网络点评意见并将之吸收到产品与服务设计阶段，关注用户的反馈，不断改进，比如根据客人反馈客房增加了体重秤、小纸条、绿植等元素；另一方面，通过服务观察和CRM体系收集用户信息，发掘用户的一些共性需求，进行"亚朵心服务产品"的创新。比如"素食主义"产品就是亚朵员工关注到有一类客人喜欢吃素食或者就是素食主义者而特意推出的一款餐食产品，而"粥到"暖心夜宵服务计划则是关注到"人们在一天的繁忙之后渴望在深夜里得到一份温暖，深夜的一碗粥不仅暖了身子，更是暖了心"。亚朵酒店作为以"人文"为文化主题的酒店，试图将"文化"物化为诸多让顾客能够感受和体验到的元素，书店和摄影就是其中的主要元素。亚朵酒店将酒店大堂吧打造成有文化风格的24小时图书馆"竹居"，顾客可异地还书，以此增加顾客黏性。同时围绕摄影作品，亚朵酒店发动了一批签约摄影师，他们可以在亚朵平台上举办摄影展、摄影分享会以及售卖摄影衍生品，使亚朵成为摄影师的众创平台，很多酒店的会员也成为摄影师，使顾客成为产消者。

亚朵酒店通过开 IP 酒店，实现酒店顾客与 IP 方顾客的置换，增加自有顾客的黏性、吸引 IP 方顾客成为酒店用户、覆盖更广泛的人群。近几年，以亚朵·吴酒店为起点，亚朵酒店已经与网易严选、知乎、网易云音乐、虎扑、腾讯云、马蜂窝等品牌合作落地了多家 IP 酒店。

亚朵酒店开社区中心店，实现酒店经营人群的拓展。社区中心店是亚朵 IP 酒店的进化版，酒店的影响力从住宿客人辐射到周边 3 公里的人群，无论住客、社区用户还是旅行者，都可以在此找到体验的乐趣。

### 三、文化赋能酒店开放式创新

在文旅融合大背景下，提升酒店住宿设施品质，增强文化内涵，以文化赋能是酒店开放式创新的重要来源。从文化中汲取养分，实现跨界融合，是开放式创新的又一重要方面。

有戏酒店充分挖掘中国电影市场的潜力，在中国饭店协会文化主题饭店专业委员会第二届换届大会上提出"酒店+电影"跨界中端文化酒店的概念，进行电影酒店的创新实践。有戏电影酒店自 2016 年开业以来，业绩突出，其采用电影 IP 为传统酒店赋能，打造"住宿+电影"跨界融合的中端连锁酒店品牌。

产品方面，有戏电影酒店注重场景营造，形成故事性、情节性、戏剧性的空间氛围，打造差异化优势。酒店以独特的装修风格增加顾客入住的趣味性，走廊采用"电影博物长廊"的形式，点缀电影经典道具，为顾客打造沉浸式体验；客房大屏投影及立体环绕音响的影院级视觉享受激发顾客的住宿兴趣，顾客能够在足够静谧的空间点播观看院线正在热映的影片。同时，酒店针对观影需求设计和摆放观影家具，家具全部面向银幕；应用智能化设施，可以切换多种观影的氛围灯光模式，如浪漫观影模式、惊悚观影模式等，确保观影体验最佳化。

活动方面，有戏电影酒店着力满足顾客喜欢体验新鲜事物、标榜个人品位和进行社交分享的多元化需求，将大堂设计为电影片场，顾客可以在此参与电影发布会、观影派对、主题沙龙和看片会等娱乐活动；在接待的基础上增添社交功能，为顾客交流娱乐提供合适场所。

服务方面，基于电影持续更新且受众群体广泛的优势（电影市场每年以 25% 以上的增速驱动电影 IP 持续发展），有戏电影酒店立足海量影片以及与电影院线同步播放的优势吸引客源，辅以电影衍生品售卖，成为新的收益增长点。大堂放影，配合正版电影衍生品和零食售卖，不仅增加了大堂多元收益，还提高了顾客入住体验。有戏电影酒店积极突破原有产品和服务的局限，顺应住宿需求日益多样化和个性化的变化。

  总之，技术、顾客和文化是赋能酒店实现开放式创新的三个重要方面。上述这些酒店的创新实践有的已经成为引领行业风向并不断被模仿的创新典范，有的在探索中发现存在较多问题，有的还在不断试错和迭代，但正是这些看似"离经叛道"的做法，以渐进式或变革式的创新正在影响着行业的发展。从这个意义上看，在当下，酒店行业需要以更开放的心态、更大的勇气和更有想象力的创新来找到行业发展的新方向、新路径。

2022.02.20

# 家庭出游潮下的酒店应对之道

## 张 超 陈雪睿

数千年来，人类探索与迁移的天性没有改变。尽管受到新冠疫情的巨大冲击，但旅游市场的复苏回暖势在必行，并呈现出以家庭为主要单位出游的显著特征。短期内，公众更倾向于选择家庭自驾游、家庭近郊游等更为安全的方式。相对于其他群体的休闲旅游，家庭群体价格敏感度较低，出游形式以短途出行与自由行为主，且对产品和服务安全性的要求普遍较高。

以往大部分酒店更多关注的是家庭游中占比较大的亲子游市场，而当下全体家庭成员外出旅游的需求激增，相比于单独出行，不同代际的家庭成员更倾向于与全家人同行，因而除了针对亲子游中的儿童群体提供专项产品与服务外，兼顾家庭中不同年龄段的成员尤其是老年人的多元化需求进行产品与服务的创新和提升也尤为重要。面对家庭游的激增，传统酒店在设施和服务方面可以从哪些方面进行创新以吸引和留住家庭游客群体？

## 一、保障家庭游安全与卫生是首要条件

酒店应加强门店的消毒卫生工作，配备完善的清洁杀菌设备，并向员工宣传基本的健康卫生常识，同时强化顾客的安全感知。由于家庭游群体对安全卫生的敏感度较高，酒店应在前厅或走廊等公共空间设置如安全宣传口号等视觉标识，以强化顾客的安全感知，使其对酒店卫生更加安心、放心。

同时，酒店应针对亲子游、中老年夫妻游与三代同堂家庭游中的儿童及老年消费人群提供用材及设计都较为安全的产品。例如，由于儿童天性好动，且缺乏自我防护意识，酒店应针对儿童在家庭房的桌椅边角放置海绵垫，儿童游乐设施及玩具应采用较柔软的材质并尽量选用无棱角设计等。考虑到家庭游中的一些老年人群腿脚不便且对高科技产品缺乏学习能力，酒店应更加关注地面的防滑设计和用电安全，最大限度消除安全隐患以保证顾客人身安全。

## 二、创新家庭游产品与服务是核心竞争力

第一,完善家庭游客房产品。酒店应为具有不同成员构成的家庭设计、提供针对性强、充满人性化设计的客房产品种类,并灵活调整住房安排,针对亲子游开发提升儿童兴趣的主题客房。首先,为父母子女二代游的顾客设计并提供家庭房,针对子女已成年的家庭,提供含独立空间的家庭套房。同时,针对三代同堂的家庭,酒店应考虑到老年人的需求,尽量为其提供独立的客房空间且安排相对邻近的位置。其次,前台应根据家庭成员关系灵活调整住房安排,如为有未成年子女的家庭提供临时加床服务,为子女已成年或含老年人的家庭提供临近的双房或多房优惠套餐。最后,酒店应针对亲子游人群打造富有童趣的主题客房,如在客房内放置主题鲜明的卡通装饰物及玩具,并设计供儿童休闲玩乐的区域与设施,提供儿童床等。

第二,优化家庭游餐饮产品。酒店需在保证食材及制作过程安全与卫生的基础上,强调健康饮食,并通过餐厅环境的布置、食物造型的设计等提升顾客用餐体验。首先,亲子游人群中的幼童需要既富有童真又有机营养的饮食,酒店可针对儿童设计卡通造型的美食,打造儿童套餐。其次,家庭成员中的中老年人由于健康意识较强,对食材及烹饪过程要求较为严格,酒店可为中老年人群提供健康有机的餐饮产品。最后,为同时满足不同年龄阶段家庭成员的饮食需求,酒店还需开发富有创意、营养均衡且菜品多元化的家庭套餐。

第三,丰富家庭游附加活动。酒店应针对家庭游人群提供相应的娱乐硬件设施,并设计适合全员参与且将自然与游乐相结合的家庭亲子活动,同时兼顾"乐老"活动。酒店可为儿童配备专属的娱乐设施与硬件设备,如根据户外空间大小设计儿童乐园或滑梯等设施,在餐厅中放置儿童座椅、儿童餐具等,开发室内与户外结合的亲子互动活动,如室内的"亲子厨房",户外的"亲子户外素质拓展"等项目。同时,针对家庭成员中老年人的娱乐需求,可将酒店的多功能厅调整为老年人活动中心,配置相应的娱乐设施,作为老年群体聊天休闲的场所,并设计适合老年人放松身心的休闲活动如交谊舞会、老歌新唱等活动。

第四,提供家庭游温馨服务。酒店应加强对员工的专业培训,以应对家庭游客户群对服务人员素质的特殊需求,培养高素质家庭游服务人员,并营造温馨亲切的服务氛围。酒店家庭游服务中普遍较为缺乏的是家庭群体所需的服务亲和力,部分员工在面对活泼好动的儿童时束手无策,因而酒店员工应接受针对儿童服务的培训,充分了解儿童成长中的心理与行为特征,以足够的耐心为儿童提供

优质的服务。同时，部分员工在对待老年群体时态度敷衍、缺乏耐心，极大地拉低了顾客服务体验，员工也应通过培训了解老年人的服务需求，给予家庭游中的老年人群体以充分的尊重与关怀。

### 三、开展家庭游多渠道营销是有效途径

酒店应关注快速成长的家庭游市场，迎合家庭游客群需求主动推出富有针对性、创新性的家庭游优惠产品套餐，并针对家庭游创新产品利用当下各类直播平台及虚拟社群进行多渠道线上营销。例如，酒店可在线上及线下平台中推出针对家庭出游人群的优惠客房产品吸引客流，如针对夫妻二人游的"二人世界优惠套房"，针对夫妻子女二代游的"欢乐亲子套房"，以及针对三代人出游的"三世同堂双房套餐"等。同时，酒店可邀请直播平台网红或酒店员工及管理层针对酒店家庭游主题产品进行直播带货，并在微信、微博、小红书等平台中进行软文推广，同时开设微信公众号、官方微博等集推广、预订、购买、优惠领取于一体的智慧平台。

### 四、维护家庭游顾客关系是长久之计

酒店应针对家庭游客群的多元化需求及对服务质量的高敏感度，通过加强平台沟通做好入住前、入住中尤其是入住后的顾客关系管理，以建立并维护紧密的对客关系。首先，酒店可在顾客入住前与顾客沟通酒店地址、停车场等相关信息，并向顾客了解家庭成员尤其是儿童及老年人的特殊需求，同时可向顾客传达必备的外出防疫知识。其次，在顾客登记入住后，酒店应时刻保持与顾客的互动，可设置微信公众号平台，通过文章推送或人工客服的途径向顾客介绍酒店内的家庭娱乐设施及周边游玩景点，同时可通过线上平台主动邀请相应家庭成员参加酒店的特殊娱乐活动。最后，在顾客离店后，酒店应及时回复线上平台中的用户评价，进行服务反馈和补救，同时也可通过邮件、短信等渠道不定时向顾客进行家庭游优惠活动营销并向家庭成员送去关怀。

世事纷纷扰扰，能够"携子之手，与君同游"，不仅是家庭的盛事，也是酒店业的幸事。家庭出游是家庭成员之间加强情感联结、促进亲情关系的首选休闲活动之一，酒店业可从周密的安全保障、多样的产品设计、全覆盖的营销渠道，以及人性化的顾客关系管理等方面应对家庭旅游热潮的到来。

2020.08.04

# 酒店业勇担社会责任，传递正能量

## 谷慧敏　王文秀

虽然新冠疫情严重冲击了酒店业，但酒店业的迅速反应和勇于担当，既是其自身实力的体现，也是酒店业强烈社会责任感的体现。

一是在社会公益方面，积极捐赠物资并为一线抗疫人员免费提供酒店客房。酒店企业不仅仅是捐赠者，更是参与者、主力军。

二是在消费者方面保障消费者权益。

三是在员工方面，维护职工权益。不以裁员、减薪应对危机。为员工购买健康保障。此外，酒店在卫生及员工的健康安全方面做了及时有效的针对性防护工作。不仅增强了员工的自豪感，提高了对酒店的认同感；而且激发了员工的责任感、积极性和创造性，有助于企业的良性发展。

四是在加盟商方面，对加盟商给予管理费减免政策，各大连锁酒店企业纷纷减免加盟费并尽可能提供相关支持。

五是在环境环保方面，拒绝食用野生动物，维护人与自然的和谐，促进可持续发展。

上述表现说明，酒店业必须要承担起相应的社会责任，只有这样才能够树立良好的企业形象，从而占据更大的市场份额。因此，酒店业在经营发展过程中必须做好以下三方面的工作。

1. 将社会责任纳入企业发展战略

酒店企业必须重视社会责任问题，将其上升到战略高度，实现企业长期的稳定与发展。一方面，在思想方面充分认识到社会责任的重要性，深刻理解企业社会责任的相关内容。企业要高度重视企业社会责任。企业社会责任是企业文化、使命和价值观的集中体现。积极承担社会责任是酒店企业发展的重要战略之一，也是大众、媒体等对酒店企业的必然要求。因此，管理者应及早认识到承担社会责任对于企业的必要性。另一方面，制订贯穿企业社会责任的战略规划，从战略的高度保障社会责任的执行。企业应立足于自身实际情况，将社会责任纳入企业发展战略体系，做好整体规划，在企业经营理念中加入承担多元责任。把对社会和环境的关注融入酒店的经营管理中，谋求经济、社会和环境三重效益。

2. 建立企业社会责任管理体系

首先，建立社会责任关键指标体系。企业社会责任指标体系的设计不仅涵盖要全面、标准要科学、考量要准确，而且需具有针对性、客观性、可操作性。其次，建立一套成熟的人、财、物保障体系。将企业社会责任作为一个制度化、规范化的管理体系，有明确的计划、有专门的负责部门、有一定的经费保障、有可操作的规范化的管理程序。最后，定期公布企业社会责任报告。通过企业的社会责任报告让更多的公众了解酒店，强化五星级酒店的品牌和声誉，实现企业的可持续发展。

3. 积极参与企业社会责任活动

首先，要对社会公益活动持有积极态度。酒店管理者应培养员工的社会责任感，并根据酒店的实际状况开展社会公益活动，如定期组织员工做义工、献爱心等。其次，保护消费者的安全和利益。严格落实地方政府和行政主管部门关于安全方面的法律法规，提高安全生产意识，确保消费者的生命财产安全。严格管控客房清洁服务流程，确保客房服务安全、洁净、卫生。通过精细化的管理，时刻保护客人的安全。再次，关爱员工。不仅要为员工提供安全和谐的工作生活环境，而且要提供培训和学习机会，让员工更好地发展。此外，对合作伙伴，要遵守契约精神，合法公平交易，维持良好的合作关系。最后，做好绿色、低碳、环保工作。加大内部管控力度，在酒店用品、用具和消耗品的使用上要秉承绿色、环保理念。积极参与光盘行动、地球一小时等各种活动，实施油改气等升级改造，以减轻对大气的污染。

2020.04.03

# 酒店"+社区"势在必行

李 彬 王倩文

酒店作为社区的"近邻",服务于社区、服务于居民,在新冠疫情期间体现出与社区共患难的真情。如为工作人员和社区居委会送上食物和水,积极采购消毒液、防护服、口罩等急需物资,通过出资出力,在助力周边社区共渡难关方面做出了很多贡献,正在重塑着与社区邻里的关系。同时,酒店也为社区和本地市场提供生活与生产相关的产品和服务,如提供外卖服务,解决周边企业和部分居民的用餐问题等。因此,酒店业的一个新趋势是,不仅要重视对来自异地游客的服务,更要关注本地社区邻里居民的生产与生活需求。酒店融入社区势在必行,为社区提供服务不仅是一项社会责任、政治责任,更可以在这个过程中找到社会创新、商业模式创新的机会。特别是那些曾经被认为或自认为的"高端酒店",是时候考虑周边那些曾经被忽略的本地市场和周边社区,"飞入寻常百姓家"了。

早在 2020 年之前,已有很多酒店开始意识到"社区价值"的重要性,积极服务社区,比如万豪开展"服务社区日"活动,以各种各样的形式回馈周边社区。也有部分酒店以此为契机,找到新的商业模式,打造酒店的社区化功能,如亚朵 S 虎扑篮球酒店就面向球迷开放,经常会吸引周边居民前来打篮球,并表示会朝社区化发展,覆盖周围 3 公里范围内的人群。国外也有很多酒店直接将自己定义为"社区酒店",把酒店的目标客户群体定位为周边社区的居民,同时兼顾其他客源市场,如日本 Hanare 酒店。其经营理念是"The Whole Town=Your Hotel"(整个社区=你的酒店),Hanare 酒店由两栋民宿改造而成,一栋用于住宿,另一栋作为酒店入住前台和休闲会馆,拥有咖啡屋、画廊、餐厅和展览等空间,这样一来周边的居民就算不住宿也可以来这里休闲娱乐。

那么,酒店如何进一步构建与社区之间和谐、融洽的关系呢?

## 一、提高社区服务意识，强化社区服务能力

国内酒店与社区的互动意识相对于国外普遍比较弱，很多国际知名酒店集团都将社区参与提升到企业发展战略地位，国内也有部分酒店集团逐渐意识到社区服务的重要性。如何将酒店与社区之间互帮互助的良好状态持续下去，需要酒店（集团）的中高层管理者重视服务社区的理念和意识，将其提升到公司发展战略的高度，并进一步在制度设计和组织管理两个方面强化酒店的社区服务能力。

## 二、结合自身定位，创新服务社区的商业模式

酒店服务社区不仅是一项社会责任，更是一项具有营利性质的经济责任，酒店未来应当处理好两者之间的关系。酒店可以把周边居民也纳入目标客户群，结合酒店自身的品牌定位，在深入了解周边居民的基本情况和实际需求的基础上，创新商业模式。一方面打造消费化、兴趣化和生活化的开放式空间，比如酒店大堂，不仅对酒店消费者更对周边居民开放；结合社区文化氛围和居民消费习惯，开设咖啡店、面包店、干洗店及书店等休闲和服务空间。另一方面深入本地居民生活，考虑将酒店在客房、餐厅、娱乐等相关方面的专业性服务与本地居民生活相融合，输出相关的家政劳务、知识创意和其他相关服务。

## 三、积极参与社区活动和社区治理

基层社区的治理是社会现代化治理能力提升的重要方面。酒店应当积极参与这一过程，在日常工作中与社区居民和社区居委会构建紧密关系，主动了解社区存在的问题与困难，热心社区公益事业，鼓励员工定期参与社区活动和社区志愿者服务，加强社区居民和酒店员工之间的沟通交流，使酒店及酒店员工真正成为社区治理的一分子，为社区发展排忧解难，为建设美好社区贡献智慧和力量。

## 四、主动协助改善周边社区生活环境

酒店接待客人并非只是提供住宿一晚的服务这么简单，可能会随之带来交通、环境以及安全等方面的问题，这些都会影响到周边居民的生活质量，但酒店往往忽视由于自身发展而对社区带来的不良影响。因此，酒店应与相关政府部门、街道办、社会组织等联合起来，共同改善周边社区的环境，这样不仅可以缓

解酒店日常运营对社区和居民带来的负面影响，也可以为酒店消费者带来更好的住宿体验。

## 五、积极促进周边社区居民在酒店就业

酒店的发展能为周边居民提供更多就业岗位，酒店可以根据自身条件和需求差异提供不同就业岗位，同等条件下，可以优先录用符合岗位需求的周边社区居民。酒店还可以结合社区的人力资源情况，灵活用工，为有工作能力的下岗职工及自由职业者提供基础岗位工作。

总之，酒店与社区可以成为一个共生的整体，酒店与社区构建和谐关系可以营造舒适的环境，社区居民可以成为酒店的消费者或员工，而酒店良好的发展也可以提升社区形象，带动社区周边经济发展。

2020.04.09

# 第二篇

## 新业态与新模式

第二章

# 怎样信仰就怎样生活:生活方式酒店的"出圈"之道

李 彬 张 薇 汪嘉晴

新时代,伴随着人们对美好生活的向往和对高品质生活的追求,人们的生活方式日趋多样化,与生活方式相对应的各类酒店也开始呈现出了百花齐放的局面。四川大学旅游学院李原教授曾指出,生活方式酒店是指从单一酒店服务向生活方式服务延展,通过在酒店产品和服务中展现某种生活态度,传递某种认知价值,提供某种生活样态,从而为消费者创造品质生活体验的酒店。本文认为,生活方式酒店是围绕特定人群的生活态度、兴趣爱好、生活习惯、生活方式等来开展经营与服务的特定类型的酒店。

长期来看,生活方式酒店是酒店业发展的必然趋势,虽然并非所有酒店都适合往生活方式方向发展,但却可以为传统酒店实现转型、新兴酒店品牌实现创新提供一个新思路。通过推出围绕不同主题的生活方式酒店品牌来匹配相应细分市场顾客群,在保持原有基础的同时,添加生活方式类产品和服务产生附加价值,在标准化产品的基础上彰显个性化、人性化的风格,把生活方式元素注入酒店的核心要素中,成为酒店新的盈利点。

本文对生活方式酒店中娱乐消遣型、社群经营型和运动健康型三种类型的特点进行分析并给出建议。

## 一、娱乐消遣型生活方式酒店

娱乐消遣型生活方式酒店随着人们生活水平和消费观念的提升应运而生,该类型注重消费者对休闲娱乐和生活品质的需求,在提供高品质住宿服务的同时将娱乐消遣活动融入其中,受到消费者特别是新生代消费群体的追捧。杭州开元名都大酒店与 NINES 推理馆跨界融合,推出"2天1夜沉浸式实景剧本杀",通过融合多种酒店空间如餐厅、客房等给消费者带来沉浸式的剧本杀体验。利用客房暗藏剧情线索，消费者入住当晚还可能接到剧情电话。该酒店的员工不仅提供日常服务，还给消费者提供破案线索，消费者完成任务后积分可在餐厅进行兑换。竞鹅酒店是腾讯旗下第一家电竞酒店品牌，"专为电竞爱好者而生，极致沉浸式电竞体验，Z世代潮玩娱乐新地标"是竞鹅酒店的主张。与其他酒店模式不同的是，该酒店不仅为消费者提供高品质的电竞设施和设备，如高速互联网、游戏主机、电竞椅等，还将自身丰富的电竞赛事 IP 和数字内容优势与线下酒店场景有机结合，例如，打造国内首位可互动的虚拟主理人 VEEGY，依托腾讯电竞大量热门赛事 IP 如 KPL 王者荣耀职业联赛、PEL 和平精英职业联赛等，以及联动多个赛事给顾客带来独具特色的体验。

北京五矿君澜酒店以场景、设施、活动和产品设计为抓手，旨在打造亲子娱乐的生活方式。通过中庭区域改造，配备攀爬架、秋千、跷跷板等无动力游乐设施，并定期举办亲子活动，如"创意手工坊""超级泡泡""庭院寻宝"等。酒店结合通航主题，使用 IP 形象如君君、澜澜等作为代言人与亲子家庭建立情感连接。酒店以"澜精灵俱乐部"为核心，融入多款 VR 体验产品，营造亲子互动体验，此外也为父母提供美甲服务、趣味电竞和舒适氛围，让家长带娃成为一种"得到享受而不是负担"的生活方式。

## 二、社群经营型生活方式酒店

社群经营，顾名思义是围绕一定的社会群体而开展的经营活动。社群经营型生活方式酒店聚焦某些特定社群的生活方式和爱好打造灵活式的复合型空间。社群经营酒店的核心是满足入住消费者的共同需求，做到"投其所好"，其独特价值在于可以将酒店空间释放出来并通过基于社群需求的场景打造而使之得到充分利用。

南京鲁能美高梅美荟酒店采用"1+N"新模式塑造空间，消费者可根据需求选择不同的非客房设施。为了满足年轻消费群体的个性化需求，酒店与周边的图书馆、艺术街区等进行空间融合，带动消费者走出房间。根据不同的需求定制不同的酒店空间，让酒店不仅作为休息住宿空间，更多的是成为社区的中心。酒店中的美荟廊不是一个功能单一的用餐空间，而是用餐、酒吧、休闲娱乐、办公等多功能复合的空间。酒店在房间楼层中设计"公共会客厅"，在美荟廊中也有开放式办公桌的设计满足消费者的办公需求，做到商务、休闲、餐饮等融合。

慈溪万达美华酒店注重打造多重功能复合的空间。共享是酒店空间设计理念的核心，酒店的大堂更是突破了传统的简单办理入住和离店的单一功能，大堂成为包含前台、WanVita（万咖啡）、共享办公区、阅读角、多功能会议室和新零售等满足各类客群消费需求，集休闲、办公、社交等空间功能于一体的复合型新型酒店空间。

亚朵酒店集团是一家始于住宿的生活方式品牌酒店，自2013年成立以来一直致力于实现从经营房间向经营人群的转型，通过社群经营核心策略，紧密连接客人并将房间作为带有"温度"的产品。亚朵采用开放、共享的设计理念来打造公共区域，并用文艺化的辞藻描述它们，如打造独特的阅读空间"竹居"，以满足客户个性化需求的社交空间。此外，亚朵还会根据不同的城市征集摄影作品，展示不同的人文情怀。亚朵开创IP酒店，迎合独特消费群体的生活方式，并通过IP圈层来吸引具有共同兴趣爱好的社群。

## 三、运动健康型生活方式酒店

运动健康型生活方式酒店从国民焕发的健康意识出发，配备专业健身设施和教练指导，将"健身房"融入酒店场景，同时满足客人对休息及健康的双重需求，以酒店场景传递运动健康生活理念。

洲际酒店集团旗下的逸衡酒店通过随心运动、健康饮食、舒心睡眠和成就更多四个特点帮助消费者平衡工作与生活的状态。酒店通过在公共区域场景运用转化式设计，使有限的空间发挥多重复合功能，为消费者提供专业的运动设备和建议、天然健康的美食、安静舒心的睡眠氛围、舒适高效的工作环境，让消费者在高效工作的同时，继续保持健康运动的生活方式。

锦江集团旗下的缤跃酒店则以"激活、充能、复原"三大体验支柱为主轴，配备私享健身舱帮助消费者在运动时激活身体，并在客房配置低卡饮料零食为消费者补充能量，使消费者充分放松和复原身心。酒店通过明确的功能分区和全周期的体验活动展现健康运动的生活态度，让崇尚健康生活方式的消费者完成"住宿—健身—餐饮"全链路生活体验。

希尔顿酒店集团旗下的健康管理度假村以提高消费者的自我健康管理能力为目标，提供跑步、塑形、划艇等近八十种健身课程及SPA治疗、兼顾美味和热量控制的营养定制餐等服务，项目主要涉及"减肥""亚健康管理"和"长寿"三个方面。该度假村通过调动积极性、营造家庭式氛围、开展知识讲座等途径帮助消费者重启更健康的生活方式。

## 四、打造生活方式酒店的建议

1. 通过空间设计和场景打造彰显生活方式

生活方式酒店需要在空间设计上体现复合性、在场景打造上体现多元性。如娱乐消遣型生活方式酒店将餐厅、酒廊、泳池、射击馆等与剧本杀的剧情紧密结合,入住的房间布置会暗藏剧情线索,为消费者提供沉浸式娱乐体验。社群经营型生活方式酒店则根据消费者的个性化需求与周边的图书馆、艺术街区等进行空间融合,形成集用餐、酒吧、休闲娱乐、办公等多功能于一体的复合空间。而运动健康型生活方式酒店打造"健身房"运动场景,配备轻型运动机械等专业健身设施帮助消费者激活身体,兼顾休憩与运动多元需求。

2. 通过酒店产品及活动传递生活方式理念

与传统酒店相比,生活方式酒店的产品与服务会更加丰富多样,更加注重消费者的个性化体验。如娱乐消遣型生活方式酒店中亲子酒店融入 VR 体验、5G 电竞的体验产品,现实与虚幻的交替吸引更多的孩子进行体验。社群经营型生活方式酒店开展摄影活动能够吸引摄影爱好者关注酒店,进而会扩大消费市场,提升酒店的知名度。运动健康型生活方式酒店配备健身课程满足健身爱好者的需求,根据不同的人来定制不同的健身计划,满足消费者的变革型体验。

3. 通过生活方式体验重新提升酒店对客服务价值

生活方式酒店彰显酒店空间和功能所体现的独特价值,彰显酒店的文化给消费者带来的感染性。如娱乐消遣型生活方式酒店将 IP 赛事与线下场景结合、打造数字交互体验,亲子酒店为父母提供美甲服务、电子游戏场所,凸显新兴休闲文化给消费者带来的独特价值。围绕社群经营的生活方式酒店充分利用酒店空间,根据消费者新的生活方式将咖啡、共享阅读空间、共享办公等融入酒店空间。运动健康型生活方式酒店根据国民关注健康的需求来打造酒店产品,凸显关注消费者身心健康的文化特色,让消费者在生活和工作之间找到平衡,保持健康的生活方式。

总之,生活方式酒店主要呈现"复合多元空间功能、满足旅程休憩和日常生活方式的双重需求"的特点,通过传递生活方式的理念、打造主题化酒店空间场景、设计个性化产品与服务,来塑造多样化的生活方式酒店品牌,满足消费者对美好生活的追求。

2023.05.23

# 健康主题酒店"新"在哪里?

张 超 曹瑷珂

酒店不仅是人们旅途中短暂停留的驿站,更是关乎人民日益增长的美好生活需要的重要产业,而健康则是创造人们美好生活的必要条件之一。"酒店+健康"的融合,促使健康主题酒店应运而生,酒店成为打造健康生活方式的第四空间。然而,由于缺乏统一的新业态评定标准,很多酒店仅仅是将健身房、SPA馆进行简单的升级改造,就号称健康主题酒店,实际上它们与能够满足人们身体、心理与社会适应能力全面健康的需求,与能够引导人们形成健康生活理念和方式的健康主题酒店还有很大差距。就此而言,我国健康主题酒店的发展尚处于起步阶段,仍然存在市场定位不清、产品开发盲目、服务同质化严重等问题。本文试图从健康主题酒店有别于传统酒店的特色和优势入手,厘清健康主题酒店的比较优势,并提出其在目前阶段的发展重点。

健康主题酒店区别于传统酒店的创新点主要体现在以下三个方面:

健康主题酒店选择客群应注重健康意识和消费习惯的差异。传统酒店在进行市场定位时通常依靠资源和市场导向,而健康主题酒店主要面向的是治"未"病人群,在定位时除了受资源条件和市场条件的制约之外,还会受到不同地域顾客消费习惯和行为特征等因素的影响。2017年国民健康消费大数据和2018年阿里"双11"电商平台销售数据均显示,广东、江苏、浙江、山东四省客群对健康类产品和服务的购买力更强。百度指数也显示,相较其他省份,这些省份的"健康"搜索指数更高。因此,在某种程度上,这四省的消费群体更具备健康意识和健康消费习惯,更适合作为健康主题酒店的目标市场。不同地域目标群体的消费习惯有所差异,对于健康的需求程度不一样,入住健康主题酒店的意愿强度也不尽相同。

健康主题酒店市场定位应对标中高收入群体实现梯度化。健康经济学研究显示,对自身未来预期价值较高的中高收入群体更倾向于追求健康的生活方式,也更愿意在自己尚处于"未病"的状态时为健康产品和服务买单,以增加享有更多健康日的可能性。同时,健康消费行为的市场调查也显示,目前阶段中高收入群体对健康的高需求构成强劲的市场机会,新中产阶级的崛起创造了高消费群体市场潜在的利润空间。健康主题酒店恰恰应该抓住中高收入群体市场,定位于中高端市场,实现差异化。以主打健康主题的柏栎酒店集团为例,其旗下四个子品牌柏栎度假、柏栎精选、柏栎荟舍和柏栎子居,分别对应于高收入和中高收入群体,形成了由高到低的梯度定价方式,在不同梯度上均高于全国星级饭店的平均房价。以柏栎度假为例,其均价已达到2000~3000元/间夜,远高于同时期同地域五星级酒店的市场均价。

健康主题酒店经营管理应以绿色环保和可持续发展为导向和目标。传统酒店常常将绿色环保作为酒店产品和服务的附加价值,相较之下,可持续的经营理念对于健康主题酒店来说至关重要。秉承绿色生态理念,倡导绿色产品计划,采用高性能建筑能源,追求与周围环境相和谐的布局,是酒店得以实现健康主题的立身之本。例如,源宿酒店使用低水流量冲淋喷头、可回收材料制成的地毯等绿色产品,将可持续发展设计要素融入客房设计;同时,通过与供应商合作开展避免产生软木塞的葡萄酒龙头计划、消灭塑料瓶的S'well计划,践行生态环保的经营理念。

基于以上特点,健康主题酒店可以在以下四个方面运用比较优势,寻求突破,重点发展。

在细分市场基础上交叉复合再细分。传统酒店一般以人口统计因素作为标准细分市场、选择目标市场和进行市场定位。健康主题酒店应该在此基础上,交叉复合其他分类标准,比如顾客的健康意识和态度、生活方式、收入水平、消费偏好及地域文化因素,进而在现有目标市场上进行再细分。

国际知名市场调研公司GFK曾做过的顾客生活方式调查显示,追求有机生活、乐于冒险和向往思想开放这三种生活方式的顾客群体更倾向于选择健康旅游产品。并且与价格因素相比,这三类人群更易受品质因素、快乐因素的影响。这说明拥有活力健康的生活方式、开放乐观的生活态度、较高的收入水平、与价格相比更注重服务品质的顾客更适合作为健康主题酒店的目标客群。这类顾客在繁忙的工作生活中寻求自我发展,渴望心灵有所寄托。健康主题酒店刚好迎合了这些诉求,为他们提供了一个能够缓解工作压力、追求身心健康的舒适空间,以及众多有品质、有追求的健康服务产品,而这远远超出一般酒店的服务标准。

在差异化定价基础上创新增值服务。定位于中高端消费群体,在梯度定价体系内，附加健康元素，创新健康服务，增加消费者体验。与传统酒店差异化定价相似，健康主题酒店中既有定位于超高端度假市场的六善酒店集团，也有迎合中高端市场需求的逸衡酒店，它们为顾客提供多样化的产品选择。不同的是健康主题酒店应该深入挖掘顾客对于健康的潜在的多样化需求，增加酒店设计与开发中的健康元素，提升服务产品的附加价值。

六善酒店集团针对高端消费群体，以健康养生和可持续性为核心理念，提供有针对性的健康服务体验，打造养生美食和六善水疗等核心服务项目。养生美食全部使用新鲜、应季的当地有机食材和原料，为顾客呈现美味健康的当地特色食品和全球各式佳肴。水疗中心采用阿尔卑斯传统疗法、阿育吠陀疗法与分层养生技术手段等传统养生方法和创新养生技术，促进顾客身心健康，帮助客人找回与自己、他人以及周围世界的联系。高端的市场定位不单单体现在房间价格上，还体现在可获得的增值服务和创新体验上，只有两者相匹配，才能够打造出真正迎合市场需要的健康主题酒店。

在定制化基础上系统化设计健康服务体系。酒店中的对客服务涉及各部门之间的协调配合，沟通不及时、信息不对称常常造成服务失败。为此，健康主题酒店可以借鉴整体医学理念和设计思维的理念，将服务当作一个系统，把全部体验作为整体来设计，使各个环节的产品与服务在整个流程中不再孤立，从而形成系统化的健康服务体系。

健康主题酒店在传统定制化服务基础之上，实现系统性和整体性的服务设计，才是真正区别于传统酒店的服务创新。柏栎酒店设立专属"服务团队"和健康卡，辅助客人办理入住的同时完成身体健康检测，检测信息全部存储至健康卡，客人可以通过房间电视随时查看，并且，依据体检结果，团队会为客人制定专属的健康计划和饮食计划，定制美食和睡眠体验。酒店将健康生活理念融入对客服务的每一个环节，为顾客提供全方位的健康服务体验。

在绿色环保基础上凸显健康元素。健康主题酒店的健康元素不仅仅体现在软性的健康服务上，而且体现在硬件环境构成的酒店空间上；不仅仅要求酒店设计要符合绿色环保的要求，而且要求它能充分体现健康的理念。

洲际集团旗下的逸衡酒店，主打商务旅游市场，旨在为顾客打造适宜工作、生活和运动的一流空间、设施和服务。酒店每间客房均配备了符合人体工学的站立式工作台和完善的健身设施，利于缓解工作疲劳，方便顾客随时锻炼身体。公共空间里"健康和正念"的信息、取代传统酒店前台的"养生岛"、离大堂不远的健身活动中心，处处体现均衡的健康生活理念。酒店公共空间和客房私人空间的健康产品和服务项目在绿色环保的基础上凸显了健康元素。

"与其救疗于有疾之后，不若摄养于无疾之先"，健康主题酒店致力于引导顾客形成健康的生活方式。健康主题酒店不是健康元素的简单嫁接，而是基于传统酒店服务，围绕健康理念，运用交叉复合细分标准深挖潜在市场，在创新增值服务中将潜在需求转化为有效需求，以设计思维打造系统化的健康服务体系，在绿色环保的基础上以健康元素实现可持续发展。

2019.11.01

# 健康运动型生活方式酒店的经营创新

## 李 彬 张 薇 宋 杨

随着国民健康意识不断增强，消费者的健康需求日益明显。《2022 国民健康洞察报告》显示，大众对于健康的关注度被持续激活。众多酒店集团敏锐地发现大健康运动产业赛道迸发出强大的市场生命力，因而纷纷深耕健康运动型生活方式酒店赛道，以满足客人对于旅途与生活、放松与活动、营养与美味、身体与精神、工作与生活等生活方式高度平衡的要求，从而创新升级酒店产品业态。

本文重点介绍两家健康运动型生活方式酒店品牌：洲际酒店集团的逸衡酒店和锦江酒店集团的缤跃酒店。逸衡酒店（EVEN）由洲际酒店集团于 2012 年在美国推出，是首个以健康运动为核心的生活方式品牌。截至 2021 年年底，逸衡在全球开业酒店 21 家、筹建酒店 30 家。逸衡中国首家店于 2020 年开业，主打面向追求健康均衡生活方式人士的中高端精选酒店。逸衡产品中增加了多方位助眠装置，把健身房装进客房，提供多点位运动健康体验，餐食健康、贴心计算卡路里、设备完善、可随时随地高效工作，满足客人从睡觉到运动、从美食到工作的多样化需求。锦江酒店（中国区）于 2021 年推出缤跃酒店，是 360 度健康运动中高端生活方式品牌（360 度是指为客人提供更丰富的全场景式住宿体验），以视觉、嗅觉、触觉、听觉等作为品牌触点，为客人提供全周期的健康运动体验。缤跃酒店首家店于 2021 年开业，将酒店产业与大健康产业深度融合，打造沉浸式健康运动住宿体验，客人可以随时随地运动、补充能量、活跃身体、休养身心。两家酒店品牌的主要经营模式体现在如下几个方面。

## 一、产品定位——从品牌形象开始，传递健康生活方式

逸衡与缤跃通过品牌形象传递健康生活方式。逸衡是为追求健康平衡生活方式的客人而设计的酒店品牌。逸，即安乐、闲适，每个客人都可以找到自己的商旅生活节奏。"随心运动、舒心睡眠、健康饮食、成就高效"，从不同维度均能

感受到安乐闲适的居住体验。那些追求高质量的客人更希望能在行程中保持健康的习惯，因此会寻求生活方式各方面的高度平衡——旅途与生活、放松与活力、营养与美味、身体与精神、工作与生活、家庭与个体等。让客人以自己的方式在商务旅行和健康生活中找到平衡，是逸衡酒店的品牌定位。缤跃为传递生活方式，选择"360度触手可及的全息方式"（全息指沉浸式的健康活跃氛围环绕周身）。"缤"代表不被局限的色彩，意味着住宿、运动、美食、购物、生活本身不应一成不变；"跃"指不被束缚的姿态，象征着轻盈有力的步伐、坚定自我的心态和不断向上的态度。而 VYTEL HOTEL 则取自 Vitality+hotel，有着"活力"与"热情"的含义，重组为 VYTEL，寓意为让客人在差旅过程中依然能保持健康生活习惯。

## 二、服务人群——注重运动健康的商旅客人

逸衡与缤跃便通过服务精准人群形成商业模式——将服务人群确定为注重运动健康的商旅客人。

逸衡酒店主要服务于对旅途具有较高期望的商旅客人，该客群希望能够在旅途过程中继续保持健康习惯，寻求旅途与生活、工作与放松的高度平衡。逸衡酒店以积极活跃的健康理念作为鲜明特质，每间房间内都开辟出较大的健身区域，保证24小时的燃脂需求，吸引注重运动健康的商旅客人。

缤跃酒店则为有健身需求的客人提供新的健康生活方式，将商业健身房、健身工作室等传统健身场所融入酒店体验场景，帮助客人摆脱高昂的收费和频繁的"卖课"推销，解决出差商旅客人在陌生城市寻找健身房的烦恼。

## 三、产品设计——在商务酒店产品基础上增加生活方式类元素

逸衡与缤跃的酒店产品设计充分体现了酒店的定位理念——在商务酒店基础上增加生活方式类元素。

逸衡酒店的产品设计具有四个鲜明特点：一是提供运动设备和专业指导，逸衡酒店不仅为客人提供"触手可及"的运动设备，而且会安排熟知运动之道的员工为客人提供专业的运动建议，与其他酒店不同的是逸衡的酒店总经理便是"首席健康官"。二是注重健康饮食，逸衡酒店为每一位客人提供新鲜、天然、健康的缤纷美食，并且会提供有机食品和健康营养菜单。三是创造舒心睡眠环境，逸衡酒店的一切细节设计都是为了给客人提供良好的睡眠环境、保证其较高的睡眠质量，因此十分注重床品的设计。四是同时兼顾差旅和运动需求，酒店提供舒适

高效的工作空间，高速 Wi-Fi、多媒体设备、随处可见的电源等设计都是为了方便客人高效工作，实现差旅目标。此外，逸衡在客房的设计上更为时尚和注重细节，客房采用模块化设计，客人可从活力（灰蓝）、焕新（深绿）、均衡（棕色）三种色系的客房中选择自己喜欢的类型。

缤跃酒店是由特定的酒店设计公司进行产品设计，将酒店服务与运动体验深度融合，为客人带来新的住宿体验。缤跃酒店以运动激活、餐饮充能、休憩复原三大体验支柱为主轴，多业态灵活组合。在运动激活上，缤跃酒店设立健身角，设有配备专业健身设备的私享健康舱。在餐饮充能上，缤跃客房配置充能迷你吧，有多种饮料、零食，方便客人及时补充能量。在休憩复原上，缤跃客房配备热带雨林加压花洒，让客人在运动过后享受身体的充分放松。此外，缤跃酒店按照拥有健康运动习惯客人的需求对核心客触品进行严苛的选择，使客人获得身心上的放松。

### 四、布局空间——打造多功能复合空间

逸衡与缤跃酒店在设计时结合客人的需要及建造成本等来综合考虑——打造多功能复合空间，进行全周期全时段场景转化，让酒店内的每一寸空间都发挥它的最大功能。

逸衡酒店主打分时段多功能设施布局理念，用有限的空间为客人营造舒适和高效的氛围，契合当代客人高效的时间分配方式。早餐时段，将衡食餐厅及创想空间等休闲区的隔断全部打开，客人在尽情享用健康早餐的同时，也可以选择先在多功能活动室进行瑜伽等晨练运动。白天时段，将衡食餐厅内部分空间用隔断分离出创想空间，并配置多功能的休闲家具，为了便于客人办公与进行非正式洽谈，会配备多人位沙发、阶梯座位、私密卡座等设施，同时也可以打造成 1 个或 2 个会议室，形成一个轻松且功能多样的工作区域。晚间时段，为了有效节省人力成本且达到节能的目标，在了解到本时段客人人流量较少的情况下，逸衡酒店引导客人聚集到靠近接待处的区域，将多功能活动室全面开放，客人不仅可以选择在 24 小时健身房跑步健身，还可以在多功能活动室参加跳操、瑜伽等课程。

缤跃酒店打破了客房 + 餐饮的传统酒店结构，通过 360 度完全沉浸式 + 定制式的方式，设计了"吃住练买"的新复合空间，让客人在这样的空间中满足"住宿、健身、餐饮"一系列健康生活的需求。此外，缤跃酒店创造性地提出了"432 法则"："4"为 4 个体验，是指为客人提供 360 度健康活跃运动体验、卡路里精算有机餐吧、充能复原主题客房、全周期管家式服务；"3"为 3 个中心，是

提供酒店团操房、卡路里精算吧、私享健康仓；"2"为2个联动，是线下沉浸式健康服务、线上社群型智能联动。"432法则"让客人在差旅途中不再感觉枯燥乏味，能充分体验健康活跃的生活方式。

### 五、运营方式——跨界营销＋创新运营，实现资源联动

当今不再是酒店单纯"卖客房"的年代，而是"卖生活方式"的时代，逸衡与缤跃酒店采取"跨界营销＋创新运营"，实现资源联动。逸衡酒店通过与多个品牌进行联名活动及跨界合作，提升其知名度。逸衡酒店携手国内知名瑜伽品牌SERIYOGA及行业KOL精确触达瑜伽圈层，为客人提供随心的运动体验。2021年年底，逸衡酒店携手超级猩猩跨界合作"洲游猩际"，让客人体验商务旅行与悦享生活兼顾的双重享受；逸衡酒店举行2022全球健康日庆祝活动，向客人传递"均衡""乐趣""元气"的生活方式理念。此外，逸衡携手国内智能健身领军者FITURE共同倡导健康旅行新方式，在微博推出"元气体验官"限时招募活动，创新运营方式。在餐饮方面，逸衡酒店的衡食餐厅为客人准备健康、营养均衡的美味佳肴，24小时美食站及活力水站可以随时满足客人的饮食需求。在客房方面，客房均配备瑜伽健身器材、FITURE魔力镜，同时还有专业的AI教练＋健身顾问以及丰富的健身课程、科学的定制健身计划，让客人在个人空间里享受运动的快乐。缤跃酒店大胆尝试商业跨界，通过健康大数据体验个性化，利用健康运动平台大数据，建立客人身体档案，将线上线下两个消费场景相结合，携手悦跑圈、薄荷健康、零健身、绿客盟等国内多家头部运动健康平台和流量品牌，聚焦优质社群打造。在餐饮结构的创新方面，缤跃酒店采用产品标准可复制化、供应链一体化、联名合作风险共担模式，以堂食、外卖、半成品零售三位一体的方式，成为社区轻食充能代餐点。在健身房的打造方面，缤跃酒店在传统的基础上融入酒店团操房模式，与健身品牌合作运营，让客人轻松享受吃住练逛打卡一体化、收费形式灵活、无办卡捆绑压力的健身体验。

总之，通过对以上两个案例的分析可以看出，打造健康运动型生活方式酒店可以从产品定位、服务人群、酒店设计、布局空间和运营方式五方面切入，注重对运动健康有偏好的商旅客人，在酒店产品中注入生活方式元素，形成空间复合、场景转化的特征，通过跨界营销和创新运营传递健康运动的生活方式理念，实现酒店经营创新。

2023.06.05

# 文旅融合背景下打造文化主题酒店的几点思考

## 李 彬 辛 欢

文旅融合背景下，文化主题酒店将是未来关注的重点。文化主题酒店是以地域文化、民族文化、特色文化等为"体"，以各类文化载体或IP元素（如电影、动漫、图书、演艺、饮食、服饰、装饰等）为"用"，全面融入酒店的建筑设计、产品服务、运营管理等各个环节，实现"体用结合"的一类酒店。文化主题酒店可以通过营造沉浸式的主题文化氛围，提供有主题文化的产品和服务，举办各类主题文化活动，满足顾客基本住宿需求之外的文化体验的需要，给顾客带来文化熏陶和精神洗礼，也使酒店的产品和服务产生更高的溢价。成功的文化主题酒店，往往是区域内文化性地标建筑、文化体验和消费空间、健康生活方式和社会文明的传播窗口以及有鲜明文化特色的网红打卡地。本文借鉴优秀文化主题酒店案例，就如何打造文化主题酒店提出几点建议。

## 一、营造沉浸式文化氛围，提升宾客文化体验

首先，酒店整体建筑设计风格应与主题文化相呼应。比如民族文化主题酒店，应突出该民族的文化建筑特色；历史文化主题酒店，应营造与该历史阶段相适应的古色古香的文化氛围，尽量减少城市钢筋混凝土现代工业建筑所呈现出的文化氛围效果。如松赞酒店，为了充分体现藏族和藏区文化特色，在搭建方式上使用了传承千年的藏族民间造房手法。又如以法国巴黎文化为主题的北京励骏酒店，酒店外墙采用了精致典雅的法国庭院式园林风格，尽显巴黎风情。

其次，酒店内部呈献给顾客的产品应是文化内涵和元素的提炼而不能是各元素生搬硬套的堆砌与牵强附会的融合。酒店可整合顾客视觉、听觉、嗅觉、味觉和触觉的多感官刺激，使顾客在文化氛围中获得沉浸式的文化体验，从而给其留下难忘的印象。比如西藏饭店通过让顾客看藏族艺术品、听藏族民歌、闻藏茶飘

香、品青稞酒、泡藏药足浴，充分调动消费者的感官，浓厚的藏族文化氛围，使顾客一步入酒店就如同进入了一座鲜活的藏族文化博物馆。

## 二、全面深入挖掘主题文化，打造目的地酒店

文化是主题酒店的一张金名片，对其进行全面深入挖掘和展示是文化主题酒店提升核心竞争力的重要手段。由于酒店所处的地域及其主题文化所对应的历史时期能够挖掘出有故事、有底蕴、有特色的文化内涵，甚至很多酒店本身就是历史文化遗产，因此，这些文化主题酒店完全可以作为旅游资源，打造成为吸引游客来此处旅游、度假的目的地酒店。

通过对文化进行衍生式创新，如开发文化创意产品和服务、开拓文化休闲体验空间、开展系列文化主题活动，同时配备相适应的旅游与度假基本设备设施，让游客在入住期间沉浸式地接受文化的熏陶，感受文化的魅力，从而将文化主题酒店打造成为该区域内具有鲜明文化特色的目的地酒店。比如选址在自然风景独好、历史文化独特区域的安缦度假酒店，通过与当地的自然、人文环境充分融合，并辅以高品质的度假休闲产品和服务，成为众多高端游客的目的地酒店。

## 三、举办特色文化主题活动，打造文化交流与文明传播的空间与平台

文化主题酒店可通过举办一系列特色文化主题活动，提供文化交流和展示的空间和平台，让文化可交流、可鉴赏，提升顾客对该酒店品牌的"黏性"。比如以书籍和摄影为主题的亚朵酒店，通过举办读书会和摄影大赛为顾客提供文化交流的"第四空间"，增强了用户社群间的互动。又如位于北京三里屯以时尚潮流文化为主题的CHAO酒店，通过打造众多场景感十足的活动空间，如电影院、展览空间和剧场等，举办"版画工作室"、"72位艺术家和他的房客们"和"文化大使馆"等活动，将抽象的时尚文化要素和符号具象化，使酒店俨然成为一个文化空间场所。

## 四、融合当地文化，提升酒店品牌附加值

文化主题酒店应注重与当地文化的融合。一是在设计与建设环节，注重与周边自然和人文环境的和谐，通过当地文化和酒店主题文化的相互交融，充分实现提升酒店品牌附加值的效果。如以明清宫廷文化为主题的颐和安缦酒店，距离颐和园东宫门仅数步之遥，酒店内部的客房设计均采用了颐和园传统建筑风格，并且在酒店内还种植了大量与颐和园内树种相同的树木，让人步入酒店就仿佛进入

了明清时代的皇家园林。二是文化主题酒店应该成为沟通游客和当地文化的"桥梁"或"文化使者",让游客与当地的生活方式、民俗风情进行深度交流互动。以民族文化主题酒店为例,可引入当地的特色民族美食,举办当地民俗节庆活动,在服务中注重对民族文化的解说,营造民族特色体验,让游客在度假休闲中感受不同的生活方式、饮食文化和风俗习惯等,获得更深层次的精神享受。

## 五、注重文创产品研发与新零售,开启酒店新的利润增长点

当前文化主题酒店数量日渐增多,竞争将会日益激烈,单一的客房餐饮产品已经不能满足顾客的期望和酒店的盈利需求。酒店可通过文创产品的研发和生产,让酒店的主题文化"看得见、摸得着、带得走"。如朵丽米音乐文化酒店开设音乐潮品商店,通过展示高品质的、独特的音乐藏品、明星设计款服饰、古典风的家私家居和配饰等探索有音乐文化特色的文创产品。与此同时,可以考虑将文创产品与新零售结合,借助新技术、新媒体和新电商平台,如直播带货、视频号、电商平台旗舰店等进行线上销售,或者采用"线上线下结合(O2O)"模式。如亚朵酒店与网易严选合作打造新零售酒店,将酒店线下文化体验场景与严选线上销售平台结合,从而提升了对IP认同的忠诚客户的转化率,同时也拓宽了酒店销售渠道,开启了新的利润增长点。

2021.03.18

# 潮起潮落的网红餐饮

## ——黄太吉的启示

### 黄艳艳　李朋波

近几年来,在餐饮市场中出现一个奇怪的现象:一些"一夜成名"的餐饮品牌在短时间内开始衰败,最终消失在大众的视野中。由于这些餐饮品牌多是依靠"互联网+"的运营思维迅速走红的,因此这些餐饮品牌被称为"网红餐饮"。据统计,在餐饮市场,创业的失败率高达90%,网红餐饮品牌的平均寿命只有2年左右。为什么曾受到众多消费者青睐的餐饮品牌会在短期内迅速衰败?其中缘由引人深思。本文将以黄太吉为例,探讨网红餐饮潮起又潮落的原因。

## 一、黄太吉简介

### 1. 基本信息

2012年,赫畅在北京建外SOHO开了一家名为"黄太吉"的煎饼果子店,这间占地10多平方米、仅16个座位的小店迅速成为市场宠儿,随后在16个月内成功开张5家面积均200平方米的分店。赫畅凭借着丰富的互联网工作经验重新定义了煎饼果子,打破了人们对这种传统小吃的刻板认知,黄太吉也由此掀开了互联网餐饮的序幕。在开业不到一年的时间里,黄太吉成功创造了500万元的销售额,并获得4000万元的市场估值。

### 2. 发展历程

在开业后的头两年,黄太吉以煎饼果子为核心产品,成功地开张了分店;两年之后,创始人赫畅开启了黄太吉在商业模式上的转型之路,先后进行了3次模式升级,但是最终都以失败收场。

1.0模式——中国麦当劳

黄太吉的愿景就是要成为"中国的麦当劳",以煎饼果子为核心单品进行标准化的中式快餐连锁经营。黄太吉也因"中国麦当劳"计划成功获得了天使融资，并在繁华的商圈内开张了分店。后来，由于黄太吉商业模式上的失败转型，以及高昂的租金和惨淡的销售业绩，黄太吉分店数量骤减。

2.0 模式——"类百丽"模式

在 2.0 模式阶段，除黄太吉外，赫畅先后投资了川味小火锅"大黄疯"、互联网外卖品牌"叫个鸭子"、冒菜馆"一碗冒菜的小幸福"等一系列餐饮品牌。2.0 模式也因此被称为"类百丽模式"（百丽作为女鞋品牌，旗下有多个子品牌）。然而，黄太吉的盲目多元化导致了很多子品牌相继关门，这也标志着 2.0 模式的失败。

3.0 模式——精品外卖平台

2015 年，黄太吉在获得 B 轮亿级融资后开始进入外卖行业，开启 3.0 模式。与普通外卖不同的是，黄太吉通过自建中央厨房、联手知名的餐饮品牌打造面向白领人群的精品外卖。起初，有十几个知名餐饮品牌入驻黄太吉外卖平台，但不到一年，这些商户集体出走。

4.0 模式——九州闭门会

九州闭门会是黄太吉于 2016 年在杭州、上海、厦门、福州、深圳、广州、南京、天津、成都 9 个城市进行的合伙人众筹招募会，赫畅期望在每个城市募集一定数量的资金来置换黄太吉在当地运营公司的部分股权，募集的资金用于外卖型工厂店的建造。在本质上，这是对 3.0 模式的延伸，通过合伙人模式将外卖平台服务推向全国。在九州闭门会落地后，黄太吉只在天津募得了 100 万元，在其他城市均吃了"闭门羹"。

纵观黄太吉的发展历程，不难发现，黄太吉的失败是有迹可循的（详见图 1）。据统计，在餐饮市场上的成功创业至少需要十年时间的沉淀，对于黄太吉来说，从创立到衰败仅 4 年多时间，由此可见，过快的发展速度对于创业初期的企业来说不见得是一件好事。

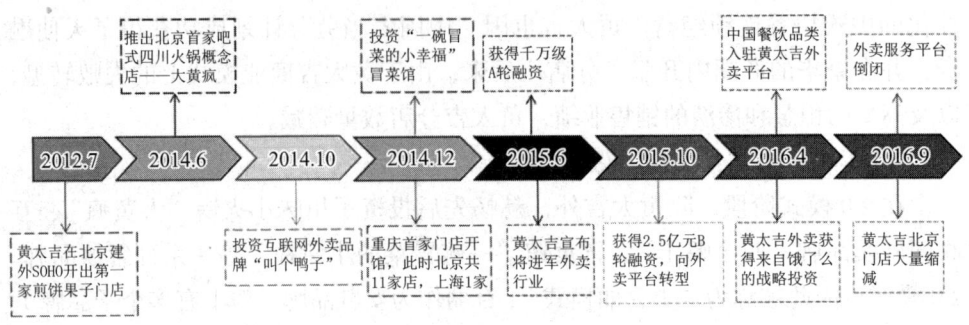

图 1 黄太吉大事记

## 二、"潮起"又"潮落"

1. "潮起"的原因

黄太吉的成功离不开"营销",创始人充满新意的营销方式吸引了一批批消费者前来"赶潮流"。黄太吉的营销获得成功与其创始人赫畅丰富的互联网工作经验息息相关,在创办黄太吉之前,赫畅先后在百度、去哪儿、谷歌等国内外知名互联网企业就职,因此他巧妙地将互联网思维运用在餐饮行业,赋予煎饼果子新定义。

2012年7月,黄太吉开通了微博账号——"黄太吉传统美食",以每天20条微博的速度进行推送,通过微博互动缩短与用户的距离,在微博数量达9000多条时收获粉丝量达8万多人。黄太吉的微博营销获得成功的原因主要有以下几个方面。

(1) 积极与粉丝互动

黄太吉重视在社交媒体上的口碑,希望通过口碑营销加大传播力度。黄太吉会在微博上与粉丝积极互动,不仅会大量转发粉丝的微博,而且会逐一回复每一条微博评论,这种方式让粉丝感受到被尊重,从而获得粉丝们的青睐。同时,黄太吉会创造一些有趣的互动机会进一步加强与粉丝的联系,例如推出"猜拳赢免单"的活动,吸引了很多粉丝的积极参与。

(2) 善于制造热门话题

黄太吉自开张以来热门话题不断,赫畅善于抓住当代年轻人的关注点,通过制造有噱头的热门事件(如"奔驰车队送外卖""美女老板娘开豪车送餐"等)引起粉丝们的高度关注,黄太吉也因此进行了低成本的媒体化传播。

（3）晒订单博关注

黄太吉开展"当日消费金额最多的企业会成外卖状元"的活动，不定期地在微博上晒出这些订单，这不仅会使得粉丝圈气氛活跃，而且会带动各个公司参与进来，积极争取状元头衔。例如，哇酷软件北京分部以 4650 元订单量夺得当日外卖状元，第二天另一家游戏开发商也开始在黄太吉下单；百度、唯品会、虎嗅网均获得过黄太吉的外卖状元称号。

（4）节庆活动营销

黄太吉会巧妙地利用特别的节日进行活动营销，在吸引更多的消费者前来参与的同时也进行了品牌传播。例如，在六一儿童节，黄太吉的服务人员会身着"超人""蜘蛛侠"的服装送煎饼；父亲节当天，带着父亲到店里消费能够获得免单；双十一光棍节，推出"油条买一赠一"的活动等。

创始人赫畅这样总结自己的微博营销——Know who, Know what, Know how，即了解用户是谁、用户需要什么以及如何满足用户的需求。黄太吉借助社交媒体的传播力量将用户体验由产品延伸到品牌氛围上，提高了品牌的附加值。

2."潮落"的原因

很多网红餐厅之所以"见光死"，主要原因在于产品。营销的热度下降后，过硬的产品品质才是品牌长远发展的基石。黄太吉的创业团队未曾将重心放在产品上，而是将更多的精力用在品牌曝光方面，这就导致了其衰败的必然。除产品质量不过关外，盲目多元化、外卖平台失败、商业模式变换频繁以及单店经营模式不成熟也是黄太吉"潮落"的原因。

（1）产品质量不过关

好产品是企业应该坚守的本质，同时也是留住消费者的关键。黄太吉成功依靠营销收获了资本市场和消费者的高度关注，但是却忽略了对产品的深耕，使其在持续发展的道路上遭遇重重困境，这最终成为黄太吉衰败的根本原因。难以标准化的口味和低性价比的产品导致了黄太吉难以获得良好的口碑，与其他同类产品相比毫无竞争力，褪去营销热点的黄太吉煎饼被贴上了"贵且难吃"的标签。

（2）盲目多元化

赫畅不满足于煎饼果子的前期成功，他希望通过打造多元化的品牌矩阵占领商圈。于是从 2014 年开始，他先后投资或者自建了 24 家左右的餐饮品牌，例如"从来"饺子馆、"大黄疯"小火锅、"牛炖先生"炖菜、"叫个鸭子"外卖店以及"幸福小冒菜"冒菜馆等一系列品牌。然而，由于当时黄太吉自身处于起步阶段，综合实力还不够强，尚不具备经营多品牌的条件，因此很多子品牌陷入了关店潮。

（3）外卖平台失败

黄太吉期望依靠"中央厨房+外卖平台"的模式打破美团、饿了么、百度外卖三足鼎立的外卖行业，实践证明，这样的期望是很难实现的。入驻的商户不仅面临高额的订单抽成，而且要承担黄太吉建造中央厨房和自建外卖团队的分摊成本，从黄太吉外卖平台上获取的订单量远不能覆盖成本支出，于是出现了商户接连出走的现象。此外，竞争对手的实力强大、消费者不认可也是黄太吉外卖平台失败的重要原因。

（4）商业模式变换频繁

从2014年开始，赫畅开始了在商业模式上的尝试，但不管是2.0版本的类百丽模式、3.0版本的精品外卖平台还是4.0版本的九州闭门会，最终都以失败告终。赫畅变换商业模式的节奏过快，不仅耗费了大量的时间和资金，还使得黄太吉在每次转型时都难以沉淀下来，最终导致黄太吉的转型之路以失败告终。

（5）单店经营模式不成熟

在经历了3次转型失利后，黄太吉回到了连锁加盟的扩张模式上，希望通过加盟实现黄太吉品牌复制的计划。然而，黄太吉的加盟道路仍存在很多挑战，在面对供应链的管理、食品安全的监控以及产品的标准化和流程化等问题时，黄太吉单店经营模式不成熟的问题暴露无遗。此外，加盟经验少、加盟体系不完善也增加了黄太吉在加盟扩张上的风险。

在黄太吉四五年间起起伏伏的发展历程中，赫畅总结出了"经营能力比营销能力更重要"的经验教训。网红餐厅的消费者大多是新客，回头客的比例很小，这说明网红餐厅的营销能力很强，能够有效地将线上的粉丝转化为线下的消费人群，但产品质量才是留住顾客的关键。任何离开产品的营销都是不切实际的，网红餐饮如何有效地平衡好产品品质和互联网营销之间的关系是其获得长足发展的根本。

2020.06.09

# 我在他乡"能"挺好的

## ——长租公寓业态分析

吕　妍　雷　铭

### 一、引言

《我在他乡挺好的》中的"北漂"乔夕辰：被中介卷走半年房租，房东上门来赶她马上搬走；新住处，被不爱卫生的合租室友搞得邋里邋遢……下定决心换个房子住，预算内的不是老破小就是没窗户没电梯。北京市区内20平方米左右的主卧月租就要三四千元，还都是对家合租。如果在市区内整租，房租已经超过半数的工资。

最后乔夕辰将房子换到通勤2小时的郊区，7点出门仍难逃迟到的宿命。这也许是多数"北漂"的真实写照吧，租房俨然成为一道选择题：距离近的老破小or通勤3小时的郊区主卧。

北京作为"北上广"重要一员，每年有大批人口流入，催生大量住宿需求。同时，因高房价、高生活成本等问题，多数外来者只能选择租房，租房成了"他乡异客"的必然选择。从北京市租房市场来看，北京市租房服务供给数量有限，且服务内容较为单一，还存在市场发育不健全、难以保障租户和业主双方权益的问题。这是一种供需不平衡的问题。面对这种供需不平衡、错配问题，需要进行供给侧结构性改革。

供给侧结构性改革由习近平总书记于2016年1月26日在中央财经领导小组第十二次会议上提出，主要内容为：供给侧结构性改革的根本目的是提高社会生产力水平，落实好以人民为中心的发展思想。要在适度扩大总需求的同时，去产能、去库存、去杠杆、降成本、补短板，从生产领域加强优质供给，减少无效供给，扩大有效供给，提高供给结构适应性和灵活性，提高全要素生产率，使供给体系更好地适应需求结构变化。

## 二、北京市长租公寓市场新变化

1. 短租民宿纷纷自救转型，长租公寓得以上线大量成熟交易平台

2020年12月24日，北京市住房和城乡建设委员会、北京市公安局、北京市互联网信息办公室与北京市文化和旅游局联合发布了《关于规范管理短租住房的通知》，并已于2021年2月1日开始实施。此文件的发布标志着国家开始着手管理短租住房问题。该通知中要求经营短租住房需符合本小区管理规约，无管理规约的应当取得业委会、物管会或本栋楼内其他业主的书面同意。此项规定一出，对短租住房带来了不小的影响。短租住房主要用于为旅客提供住宿服务，其在过去几年快速发展，并且已经在市场上建立了较为成熟的交易服务平台，如爱彼迎、小猪短租等。受此新规的影响，将有相当比例的短租房屋无法作为短租房源运营。此部分因无法继续短租的闲置房源一定比例上转化为长租房源。对于房东来说，在不追加资金投入并继续从闲置房屋获利的需求条件下，将其用于提供长租服务成为首要选择。相应地，针对此需求，多数发展成熟的交易平台纷纷上线长租服务，如途家上线"长租好房"功能，其提供六大服务保障解决长租痛点问题。因此这一新规的实行一定程度上推动了长租服务企业的发展。

2. 投资渠道受限，租房服务能够达成多方共赢，实现创造经济效益的目标

我国在经济投资方面存在土地、财税、金融政策不配套的问题，致使缺乏投资机会。而租房服务能同时为多方创造经济与社会效益。首先，房东端将闲置资源出租获取经济收益，长租公寓运营企业获取管理费，而租户以较低的价格享受到更加高质量的租房服务。同时，之前因投机需求旺盛，大量资金涌入房地产，从而产生大量闲置楼盘，长租公寓的发展能一定程度上助其"去库存"，可见租房服务的发展是多方共赢，扩增了投资渠道，创造了经济效益。

3. 租房人群年轻化，市场呈现多样化服务需求

年轻一代对租房接受度高且他们对相关服务的需求丰富，长租公寓市场蕴藏巨大潜力。2020年9月22日中国城市中心、中国社科院（北京）城乡规划研究院等在北京联合发布了《2020年中国青年租住生活蓝皮书》。该蓝皮书指出，新一代城市租客呈现年轻化趋势，30岁以下人群过半，他们在观念上普遍接受租房。"长租"已经成为多数年轻人的生活方式，且半数租客表示接受"租房结婚"，还有相当比例的租客表示愿意一直租房。调研结果表明，青年租客追求生活品质，愿意为智能家居设备支付更多房租。同时，保洁、搬家和维修已成为年

轻人租房的"三大标配",由此可见,现阶段租房服务市场需求旺盛且内容丰富,存在巨大发展潜力。

4. 技术的快速发展为开发创新服务提供基础

大数据的应用为提升租房服务体验提供技术支持。各租房交易平台产生的海量数据,为利用大数据挖掘租房用户需求、提升租房体验提供了数据与技术基础。各租房交易与信息沟通平台收集的用户偏好、消费频次、衍生服务需求等可用于改进服务设计,创新开发设计以提升租房服务体验。

## 三、北京市长租公寓发展策略

1. 市场活力与人才培养

租房人群年轻化,衍生了多样化的服务需求。例如,新生代关注生活品质,喜爱智能家居设备,有基础的保洁、搬家和维修等服务需求,同时也关注自身的社交与娱乐需求,愿意为健身、社交等活动付费。长租服务企业应关注客群需求的变化,积极开发和创新产品与服务,发挥市场活力。

针对专业运营管理人才缺乏的问题,从激励层面考虑,针对相关专业人才,可以通过专业技能补贴、股权激励等提高从业人员待遇,进而吸引更多的优秀人才进入租房服务行业,为长租公寓发展提供高质量的运营管理人才。同时,可以依托头部长租公寓的专业性资源优势,邀请其专业团队对从业人员进行多次专业培训,提升从业人员专业素养。此外,还可以考虑建立一套本行业的人员准入标准,用于人员筛选,助力行业良性竞争与发展。

2. 法律监管

建立行业规范制度,发挥政府的监管作用。政府应设计制定长租服务市场的行业法律法规,在保障租客获取标准住宿服务质量的同时,确保房东、长租服务企业以及其他利益相关者享有合法权益。同时还应加强市场监管,该行业中已经出现相当数量披着租房服务企业外衣而进行非法集资等活动的市场乱象。政府应严惩不良商业行为,维护租客等各利益相关者的合法权益,为长租公寓发展建构健康、可持续发展的商业环境,从而保障长租服务企业之间可以合理、公平地竞争,利于其健康发展,创造经济效益与社会效益。

3. 政府资本与行业扶持

长租公寓的发展为更多"异乡"租客打造更舒适的居住环境,一定程度上满足了人民对美好生活的追求,同时能够帮助房地产行业消耗一大批闲置楼盘,其发展与供给侧结构性改革的政策导向相符。基于此立场,长租公寓可以考虑寻求政府的资本与政策扶持。政府资本方面，租房服务的投入是为了提升人民的生活质量，可以考虑一方面将对长租公寓的投资纳入基础性投资建设，予以部分的财政支持，助力其发展；另一方面，政府可以在土地划归、消防卫生等证件办理方面给予长租公寓更便捷的程序，或适当调整标准以降低其进入门槛，助力其快速发展。

政府应发挥引导作用，联合科研机构开展一系列的调查研究，如需求研究、市场现状以及租房满意度等，以充分、清晰地了解人民的需求，明晰现阶段北京市租房服务市场状况，从需求端与供给端进行充分的思考，从而以全局视角对行业进行科学的规划，引导行业服务体系的建设等，助力其良性发展。

2022.02.14

# 遗产酒店如何管理：且看国际经验

## 谷慧敏　李　哲

文化遗产是全人类历史文明的瑰宝，承载着各民族的生命力和创造力，对展示世界文化的多样性有着至关重要的意义。国务院印发了《"十四五"旅游业发展规划》，规划中强调要保护传承好人文资源，坚持"在保护中发展、发展中保护"的科学理念，深入挖掘优秀人文资源的文化内涵并将其融入旅游业的发展之中。作为一种有较长历史的酒店业态，遗产酒店的建筑形态及围绕其形成的饮食文化、历史事件、社会生活方式等都可以成为重要的物质文化遗产或非物质文化遗产，遗产酒店是文化遗产传承发展和活态保护的一种有效方式。

遗产酒店是依托历史建筑或遗迹，为旅游者提供住宿、餐饮等酒店服务的设施，具有历史性、文化性和实用性的特征。遗产酒店既包括历史悠久的酒店如起源于1846年的上海浦江饭店，也包括利用工农业、古城堡等历史遗存改造的现代酒店如斯里兰卡茶厂遗产酒店。由于遗产酒店独特的文化性，其在国内外正受到越来越多旅游者的青睐，具有巨大的发展潜力。我国历史悠久，遗产酒店资源丰富，如北京饭店、上海的和平饭店、天津利顺德大饭店、哈尔滨的马迭尔宾馆等都具有广泛的知名度。

国际上对遗产酒店的关注始于19世纪，目前发展比较成熟的地区包括欧美国家、印度等。为了对遗产酒店进行有效的管理和推广，这些国家或地区都成立了专门的遗产酒店组织，建立认证体系以便对不同类别的遗产酒店如工业遗产酒店、历史建筑遗产酒店等进行有针对性的管理。为深入贯彻落实《"十四五"旅游业发展规划》，科学发展我国遗产酒店，促进酒店业高质量发展，本文重点介绍目前国际上成熟的遗产酒店组织机构及其管理概况。

## 一、全球性遗产酒店管理

世界遗产中心（World Heritage Centre）成立于1992年，是联合国教科文组织（UNESCO）中负责世界遗产的评定、保护等有关工作的机构，该中心的世界遗产委员会（World Heritage Committee）对一处遗产是否被列入《世界遗产名录》具有最终决定权。世界遗产包括世界文化遗产（包含文化景观）、世界自然遗产、世界文化与自然双重遗产三类。其中就有一些具有重大历史意义的遗产酒店入选世界文化遗产地，如位于俄罗斯喀山市的 Kazan Palace Hotel（喀山宫殿酒店）和位于波尔图的 Pestana Vintage Porto Hotel（佩斯塔纳波尔图复古酒店）等。

入选世界遗产有一套10项的标准，其中包含6条文化标准、4条自然标准，入选世界遗产的遗址必须至少符合其中一条。其中，与遗产酒店直接相关的文化标准主要包含：第一，具有代表人类创造性的天才杰作；第二，遗产项目在一定的时期内或者在世界的某一个特定的文化区域内，反映了人类某些观念的变化，如建筑艺术、城镇规划、风景设计；第三，能够为已经消失或依旧存在的文明或文化传统提供一个见证；第四，人类历史上重要时期典型的建筑或景观，可以作为时代的象征；第五，是人类居住、土地或海洋利用的杰出典范，可以代表一种或多种传统文化，或者是代表人类与环境在漫长的历史长河中相互作用的范例；第六，与具有突出普遍意义的艺术和文学作品、事件、现存的传统、思想或信仰直接或有形地联系在一起（此项为补充项，委员会认为此项最好与前五项搭配使用，一般不单独使用）。当已入选的世界遗产保护出现紧急或无法自主解决的问题时，该中心会对入选世界遗产的遗址进行必要的国际援助并采取紧急行动，同时该中心还会组织一些研讨会，更新世界遗产名录和数据库，编写教材，并让公众了解世界遗产保护问题、提高世界遗产保护意识。

Historic Hotels Worldwide（全球历史酒店名录）是美国国家历史保护信托基金会（the National Trust for Historic Preservation）发布的官方计划，旨在获得人们对世界各地优秀遗产酒店的认可，展示世界文明的多样性，促进具有重大历史意义的遗迹地开展文化和遗产旅游。目前，已有超过45个国家的300多家全球优秀遗产酒店入选全球历史酒店名录组织，包括历史悠久的遗产酒店和由以前的城堡、宫殿、庄园、学院、别墅、修道院等改造而成的酒店。该组织认可各国能够体现历史保护意义的建筑、美食及其他传统文化。

入选该组织的遗产酒店标准包括五个方面：第一，酒店所依托的建筑物至少要有75年的历史。第二，酒店所在的历史街区拥有含重大历史意义的场址、地标、历史事件的发生地、名人故居或历史悠久的市中心。第三，酒店通过纪念品、艺术品、照片和其他可以表现酒店历史文化的相关物品来展示其历史意义。第四，酒店需位于经国家保护或建筑遗产相关组织认可的遗产地内或位于联合国教科文组织公布的世界遗产地内。第五，目前已经被用作遗产酒店。

除此之外，该组织每年都会举办遗产酒店年会，这是全球唯一一个为最优秀的遗产酒店和度假村举办的文化遗产旅游大会。年会通常会邀请业界领袖、酒店拥有者、高级管理层和来自世界各地的获奖酒店代表参加。会上为获奖酒店颁发"最佳遗产酒店奖"（The Historic Hotels Awards of Excellence），意在认可并鼓励这些酒店经营者卓越的领导力和创新管理能力以及他们对历史文化遗产保护做出的突出贡献。奖项分为多个类别，如欧洲最佳遗产酒店、亚太地区最佳遗产酒店以及美洲最佳遗产酒店等。

## 二、欧洲的遗产酒店管理

Historic Hotels of Europe（欧洲历史酒店）是由欧洲多个国家包括奥地利、克罗地亚、德国、匈牙利、意大利、立陶宛、波兰、葡萄牙等国家的酒店协会组成的联合会，成立于1997年，目前已有100多个酒店入选该组织。该组织的目标是保护历史文化遗产建筑并推广它们的历史，同时为热衷于遗产旅游的人们提供历史气息浓厚的城堡、庄园、乡村住宅以及欧洲不同国家的王宫和城市宫殿等以供住宿。他们通过线上网站运营、线下印发宣传手册、出版相关刊物来推广遗产酒店，还通过组织会议和培训来增强遗产酒店服务人员技能，定期参加与遗产酒店相关的国际会议，并和其他组织积极建立联系与合作。人类在浩无边际的历史长河中遨游，领略各种历史文化，为的就是把历史和现实结合起来，使人们更好地向前看。因此，该组织也充当了人们体验过去、现在再到未来的桥梁。该组织为处于当今快节奏生活环境下的人们提供了真实优质的信息以供他们享受独特的体验。Historic Hotels of Europe分别在2018年、2019年评选出了一批年度遗产饭店奖，分别涉及美食（Gastronomy）、设计（Design）、健康（Wellness）、款待（Hospitality）、文化（Culture）、浪漫（Romance）、年度遗产酒店体验特等奖（Special Award of Heritage & Experience）等。该组织依据1984年4月6日出台的《基金会法》和内部规章指导和制约开展的各种行动，内部规章主要规定了基金会的宗旨、行动目标和原则等。

Heritage Hotels Poland（波兰遗产酒店）是波兰遗产酒店管理中较为年轻的组织，于2015年1月在波兰克拉科夫成立，其创始成员是16个遗产酒店的拥有者。他们将这些废弃的建筑从废墟中拯救出来,并决心精心修复和保护这些建筑,将它们作为欧洲历史文化遗产的元素保留下来。组织成立之后,第一项成就就是制定了他们的价值观准则:一是热情款待;二是将历史文化遗产带回生活;三是保持特定设施的独特性及其历史性;四是倡导遵守餐桌礼仪并将其作为酒店业的基准;五是烹饪中使用天然和季节性原材料;六是建立与自然和谐相处的健康生活方式;七是促进文化和艺术的发展;八是支持当地社区的发展,特别是儿童和年轻人;九是在营商中对顾客和员工保持诚实;十是尊重、保护动物和环境。这些价值观准则的建立,有效促进了商业道德的推广,呼吁对波兰文化和历史予以尊重和保护。该组织的建立有助于波兰开展遗产旅游,让波兰文化遗产走上国际舞台,从而获得经济、社会和环境等收益。

## 三、美国的遗产酒店管理

Historic Hotels of America(美国历史酒店)成立于1989年,是美国国家历史保护信托基金为了推广遗产旅游而建立的,现已作为一个拯救美国文化遗产的非营利组织独立运营。入选该组织的酒店必须至少有50年历史,且其历史建筑的外观和内部氛围要具有完整性和历史性;酒店已被美国内政部指定为美国国家历史文化标志地(National Historic Landmark)或(有资格)列入美国国家历史遗迹名录(National Register of Historic Places)的历史文化场所。该组织自成立以来,在保护文化遗产、推广美国文化方面做出了卓越的贡献。

美国遗产酒店的类型划分具有多元性。从遗产历史的角度看,美国遗产酒店分为原始型酒店和历史转变型酒店:原始型酒店是指遗产建筑最初作为酒店而建,虽然它曾经可能被用作其他用途,但目前用作过夜住宿;历史转变型酒店是指此遗迹用途已从最初的"开放日"参观转变为目前保留历史特征的住宿。从服务风格看,美国遗产酒店分为三种类型:友好型(Charming)、经典型(Classic)、豪华型(Luxurious)。该组织每年会发布一本数字指南来介绍入选该组织的美国遗产酒店的设施、餐饮、特色等,公布每年新加入组织的名单以及从多维度评估(如规模等)的年度最佳遗产酒店奖获得者。获奖酒店会得到很多营销方面的好处,有利于酒店吸引更多的客源从而获取更多经济收益,此举有效地推动了美国各遗产酒店的发展。

## 四、印度的遗产酒店管理

Indian Heritage Hotels Association(印度遗产酒店协会)于1990年成立,是

印度遗产旅游运动的结果，该运动旨在使遗产建筑重新焕发生命力并对其进行维护。截至2019年，该组织的规模已从1990年的14家发展到200家，入选该协会的遗产酒店需要接受协会的监管。自发展旅游业以来，印度丰富的遗产和独特的风情为印度创造了丰富的就业机会，大大促进了印度经济发展，同时也让印度的传统手工艺、民间音乐有机会复活。该协会的主要目标是通过恢复、保护、推广遗产酒店来促进遗产旅游，恢复传统文化与艺术。1991年1月，印度政府将遗产酒店单独列为一个类别，并将遗产酒店分为三类："普通遗产酒店"（Heritage）、"经典遗产酒店"（Heritage Classic）、"豪华遗产酒店"（Heritage Grand）。目前，印度遗产部门正面临着一些严峻挑战：旧设施修复和维护成本高，电力、通信、排水等设施欠发达以及相关专业人才欠缺等。该协会定期召开印度遗产酒店协会大会（the Convention of Indian Heritage Hotels Association），会议通常围绕某个与旅游相关的主题进行，有效地促进了当地文化遗产保护和旅游发展，保护了国家的艺术和文化。

纵观国外遗产酒店发展轨迹与经验，不难发现，遗产酒店是未来酒店业发展的一个重要趋势。新时代人民群众对于美好生活的需求不断提高，酒店业态也必须不断创新发展方能满足当今人们多样化、个性化的精神文化需求。中国有着深厚的历史文化底蕴，存在大量具有历史纪念意义的酒店，但还需要根据中国具体的国情探索系统化的管理认证体系来规范发展。随着国民的文化保护意识、文化消费能力不断提高，中国遗产酒店一定会迎来属于自己的春天！

2022.02.17

# 社交型酒店如何加速进入快车道

### 李朋波　范　茹

从微醺局到围炉煮茶，从飞盘运动到户外露营，这些新兴活动实则反映的是新时代消费者对于社交的需求和追求。其中，作为一类天然的社交载体，酒店提供的餐饮、运动、SPA等服务，能够满足大多数消费者的社交需要。尤其是近年来，随着80后、90后和00后逐渐成为酒店行业的消费主力，社交型酒店的市场份额日渐增加，一定程度上引领了商旅住宿转型的风潮和趋势。然而，目前来看，大多数本土社交型酒店对于"社交"的理解依然停留在概念层面，设计同质化问题严重，缺少对于国内消费者社交习惯的分析和实践。例如，在装修方面，一味采用新潮、酷炫的元素来彰显年轻化的风格；在功能分区上，多以"大公区"为噱头，并过于强调咖啡区、酒吧、游戏区等区域。但是，这些看似贴心的社交产品和场景，使用率并不高，也无法为消费者创造有别于传统商旅酒店的独特体验。因此，为真正迎合数量庞大的年轻消费群体，抢占中端市场，打造高质量的社交型酒店便显得尤为重要。具体而言，可以从以下几方面发力。

## 一、精准定位品牌市场

赛道对于酒店品牌而言很重要，市场定位决定了其日后发展的走向。社交型酒店很大程度上依赖于年轻消费群体的推动，因此，该类酒店需要重视年轻消费者，并将酒店置于年轻化、娱乐化的市场赛道中。例如，首旅如家旗下的YUNIK HOTEL打响下沉之战，未来酒店的用户将精确对准三线以下城市年轻消费群体，针对其需求提供社交和泛娱乐服务体验。铂涛集团旗下的IU HOTEL根据年轻人的消费特征首次提出"轻中端"的品牌定位，并重点对中端连锁市场进行精细切分，同时保持具有竞争力的价格，而其投资成本仅为中高端酒店一半左右，投入产出比和性价比遥遥领先。而且，IU酒店的选址多倾向于城市知名商圈、大学城、美食集聚地等地点，更匹配年轻消费者的偏好。

## 二、提供年轻化的服务产品

首先，为迎合年轻人追求有趣、便利的消费习惯，社交型酒店应该将科技尽可能地融入酒店的设施设备之中。比如，首旅如家旗下的 YUNIK HOTEL 基于多元化社交的理念，为消费者提供了丰富的智能产品，如智能门锁、智能机器人、智能窗帘、多元竞技黑科技等；IU HOTEL 也将智能家居、智能语音管家等引入酒店，并鼓励消费者自行开发智能客房的各项功能，从而带给其更加"科技化"的体验。其次，社交型酒店应合理把握并平衡其"社交"功能与"休息"功能。其一，关注"私人"和"私密"的需求，如重视酒店的隔音、提供高品质的床品和日用品，为消费者带来舒心的入住体验。其二，强调"共性"与"个性"的统一，一方面酒店大堂可以集电竞、聚会交友、观影等社交场景于一体来迎合年轻人的个性化需求，另一方面要遵循中国人的社交共性，如"舌尖上的社交"习惯，扩大餐厅的规模，提高餐食的丰富度，从而增强客人的入住体验感，提升客人的满意度。

## 三、打通线上线下品牌社群

酒店能够提供的社交活动有三类：其一为酒店不同房间之间的酒店内的近场社交；其二为以酒店公区为依托，周边社区青年能够在小型社交场所开展聚会的社区社交；其三为打破物理空间的限制，在全国甚至更大范围内进行的需要依托社交内容和社交工具来实现的粉丝社交。目前市面上的社交型酒店大多包含了前两种社交形式，如通过泳池、酒吧、咖啡区等公共区域开展社交，或在酒店围绕桌游、唱歌、观影等活动内容，为消费者创造社交体验条件等。但是目前，利用线上平台打造粉丝社群，进行粉丝社交进而推动城市社交型酒店的发展仍处于初级阶段。IU 酒店推出的社交小程序"IU 探索局"进行了大胆尝试，在这里全国各地的 U 粉们可以自由组队进行游戏，也可以线上组队进行"狼人杀""谁是卧底"等游戏。年轻人通过这一小程序获得了更广泛的娱乐社交，与此同时，线上平台的打造形成了品牌社群，将客户转换为粉丝。首旅旗下的和颐至尊通过与"洽客 in"社群合作，尝试将线上客人延展至线下酒店，并通过线下推至线上的酒店移动社区，让酒店客人加入社群，产生更多的社交连接。未来社交型酒店的发展呈现多元化、个性化的趋势，应重视新技术的应用，打通线上和线下，增加品牌的顾客黏性。

## 四、打造酒店文化内核

新时代消费者对于酒店的要求已经超出了食宿服务的范畴，开始期待其提供的产品和服务能够满足自己精神世界的需求。对于社交型酒店而言，品牌文化的打造和品牌故事的讲述是其发展的必经之路。例如，YUNIK 以潮玩、有趣为主题，打造 YUNIK 式社交，每晚 YUNIK HOTEL 都有一小时的 Happy Hour，以及各类主题活动，让陌生的朋友玩在一起，创造好住好玩的 YUNIK 记忆；华住集团 CitiGO 酒店推出的 CitiGo Talks 是基于全国 CitiGo 酒店共享社交客厅的系列文化沙龙活动，不定期与各品牌、机构、KOL 跨界合作，通过多元化文化，为客人提供高品质、个性化的社群体验。社交型酒店文化内核的打造不仅丰富了顾客的精神世界，提高了顾客的满意度，而且也在不知不觉中吸引了更多人的加入，扩大了客户群体，增加了酒店的营收。

## 五、结语

对于社交型酒店的发展而言，酒店既需要根据宏观的市场环境找准自己的定位，也需要拥抱新生代的消费力量，从消费者的需求出发，通过新兴技术的利用和品牌文化的打造，加速进入快车道。

2023.07.05

# 开元酒店集团邂逅乡村振兴：酒旅企业市场下沉助推乡村振兴

谷慧敏　唐　悦

实施乡村振兴战略，是党的十九大做出的重大决策部署，2021年中央一号文件（《中共中央　国务院关于全面推进乡村振兴加快农业农村现代化的意见》）再次提出全面实施"乡村振兴战略"。在实施乡村振兴战略的过程中，乡村旅游特别是酒旅行业与乡村发展的融合发挥了重要作用。旅游业进入乡村，实现农业增效、农民增收、农村增美，乡村旅游成为乡村振兴的重要引擎。

近几年，旅游业正在积极向乡村进发，众多酒旅集团纷纷参与乡村振兴战略，比如，华侨城创新美育帮扶赋能乡村振兴、携程预计以公益性质投入10个度假农庄样板、百达屋集团携手开元酒店集团为乡村振兴打造地标名片、Airbnb（爱彼迎）在中国推出乡村旅游扶贫项目将贫困人口房东化……对于酒旅企业来说，这些行动不只是一盘生意，更多的是责任和情怀。酒旅企业发展乡村旅游，不是简单地为乡村"授之以鱼"，而是真正能为乡村"授之以渔"。

随着乡村振兴战略的实施，市场对传统民宿、农家乐等大众旅游住宿业提出了更高的要求，像百达屋集团和开元酒店集团这样有丰富经验的大型酒店管理企业，在近几年被更多的市场需要，也越来越受地方政府欢迎。

## 一、开元酒店与乡村振兴的"源起"

1. 需求萌发

随着95后、00后年轻客群的崛起，品质游成为旅游消费市场中的重要导向，年轻人不再满足于简单的住宿需求，他们对于高品质化、体验化的酒店更加青睐；自2020年以来，"周边游""近郊游"受到很多喜欢旅游的消费者的欢迎，这样的方式既避免舟车劳顿之苦，还能通过周转不同的目的地丰富出行体验。

开元酒店集团与百达屋酒店集团通过业务合作，从中国视角出发，让顾客可以"栖居"于中国城市近郊甚至是乡村的山间水滨,感受自然的美好。随着消费的逐步升级,开元酒店在预测高端度假市场逐渐火爆的同时,也洞察到消费者对于更加完善且多元化的度假风格的追求。

2. 合作机缘

2021年4月22日,由鸥翎投资合伙人郑南雁创立的百达屋宣布,与开元酒店集团达成业务合作;5月24日,上市近两年的开元酒店从港交所退市;同日,百达屋创始人、董事长郑南雁正式担任开元酒店集团执行董事长,成为开元酒店新的"掌舵人"。自此,开元酒店集团携手百达屋集团,双方发挥各自优势,强强联合,加速开拓和布局中国高端酒店及度假市场。开元酒店集团在与百达屋集团融合的过程中,大力探寻和开发旅游度假与乡村实际密切融合的路径与模式,响应国家乡村振兴战略号召。

迄今为止,百达屋携手开元的度假酒店品牌以方外、观堂和芳草地三大品牌为主,已开业酒店数量共7家,分别位于杭州建德市乾潭镇乾潭村、绍兴市越城区、宁波镇海区澥浦镇、上饶市广信区、杭州市建德市梅城镇、绍兴市诸暨市及盐城市亭湖区黄尖镇涵洞村。

## 二、开元酒店探索乡村振兴的行动及影响

接下来,我们进一步探究:"开元酒店集团与百达屋集团在探索乡村振兴战略道路上究竟做了什么?""如何助推乡村振兴?"

1. 发展文旅项目,展开农企合作——助推乡村产业振兴

一是百达屋和开元酒店集团积极投资与建设旅游度假项目,为游客提供住宿支持并开发旅游休闲度假产品,带动乡村地区文旅产业发展。开元芳草地度假酒店一直强调美学生活,进而开展了如趣味运动会、探险活动等众多体验项目活动,增加酒店的"自然"氛围;观堂则注重于历史文化的传承,设计出如节气生活节、汉服节等多项沉浸式体验活动,既满足顾客的休闲娱乐需求,又让顾客感受唐文化的独特魅力。迄今为止,百达屋和开元酒店已在长三角地区、江西、重庆、甘肃、西藏等区域建设和运营200多个旅游度假项目,项目总投资额近300亿元,年接待游客量近2000万人次。

二是开元酒店集团与农户展开合作,实现农副产品自供应。开元度假酒店餐厅均会推出本土化特色食品,食材均取自当地,如诸暨芳草地酒店餐厅,在自家农场种植时令蔬菜,交由大厨匠心烹制变成精致农家美食。

三是开元酒店肩负责任担当,开展和举办公益活动,助推当地农产品销售。

2021年5月,长兴开元芳草地乡村酒店联手秋至小栈举办了一场以"向农问好"为主题的公益活动,开展扶贫农产品展销会,倡导爱农助农,借助长兴开元芳草地乡村酒店良好的平台和客流量,为偏远地区特色农产品提供一个新的销售渠道,集中宣传、展示、销售帮扶地区的优质特色农产品。

基于上述我们可以看出,酒旅企业下沉乡村的直接效应为带动当地文旅产业的发展,酒旅企业的存在为当地带来众多游客资源,开拓了乡村旅游的市场,当地农户干起旅游副业发家,进而拉动地区经济;间接效应表现为带动衍生产业的发展,酒旅企业在开发、建设和运营的过程中为打造地区特色离不开本土化的农副产品的支持,农户成为酒旅企业的供应商,一定程度上推动了当地农业和农副产品加工业的发展,农户的产品有了"销路",农民的腰包也"鼓起来"了,另外,酒旅企业在平台和客源的优势基础上承担了扶贫公益类的企业社会责任,带动地区农产品发展、实现乡村共同富裕。

2. 打造"返璞归真"乡村美学——助推乡村生态振兴

开元酒店集团与百达屋集团在度假酒店开发规划过程中焕新乡村空间的美学面貌,三大度假酒店品牌从三大设计理念出发:

一是方外——探索"隐逸避世"之美。杭州富春方外西溪畈酒店位于富春江沿岸,深深隐藏在大山深处,建筑绿水环抱,倚靠青山,置身于乡野,越能真切地感受到生活的归处,在大山的胸怀中体会人世间的宁静祥和,整体营造"隐世"之感。

二是观堂——探索"属地文化"之美。绍兴大禹开元观堂酒店,在建设开发时没有破坏周边一草一木,内部的客房在装修过程中则沿用老砖、老瓦、老窗、老院,以白墙墨瓦的民居为主体,保留传统建筑风格韵味,与当地的祠堂、戏台、天井、古街、石巷等景致相互辉映。

三是芳草地——探索"自然天成"之美。杭州富春开元芳草地乡村酒店坐落于千年古镇梅城镇的三江交汇处,坐拥200亩天然林地,植被茂密,除了环山,酒店还抱水而建。烟渚湖碧绿如镜,外形各异的船屋、排屋和江景木屋或错落或整齐散落于湖畔山间,山水画面十足。

酒旅企业下沉乡村通过挖掘乡村地区自然美与文化美元素焕新乡村人居环境,进而提升乡村内涵、知名度和竞争力,乡村的"颜值"上去了,也必然带动经济的良性增长。绍兴大禹开元观堂酒店凭借蓬勃发展的传统文化和焕新的人居环境,提升了大禹村的内涵和竞争力,更带动了会稽山地带的旅游发展,形成了旅游度假的聚集地,每年实现营收7000多万元,每年游客数量和旅游收入大幅增长。

**3. 先进文化"引进来",传统文化"延下去"——助推乡村文化振兴**

一是开元酒店集团旗下的乡村度假酒店将现代消费理念与本土传统文化结合,设计一系列沉浸式、体验型活动,乡土文化进而被包装成时下流行的在地国风文化。在大禹开元观堂酒店,消费者可以观看当地的越剧表演,了解糖画、扎染、剪纸等民间工艺,品尝地道的绍兴菜等;酒店还设计了汉服节、国学课堂开蒙礼等主题活动,深受消费者的欢迎。

二是开元酒店集团在度假酒店开发规划过程中始终关注对传统村落文化的保护和传承。大禹开元观堂酒店对于古建筑古村落的改造、修缮和保护,成为酒旅企业传承文化的优秀案例。

综上所述,酒旅企业进入乡村对本土文化起到了革新和传承的作用,一方面是先进文化的进入带来融合创新的效应,无论是城市游客还是酒旅企业的进入,都带来了城市的生活方式,他们将自身的消费习惯、价值观、文化逻辑带入乡村地区,乡村本地文化受外来文化影响产生了"融合与创新"的效果;另一方面是对传统文化的保护和传承,一些游客关注与乡村有关的文化符号、历史变迁、生活方式等,推动酒旅企业在开发的过程中去保护当地文化景观,如修葺乡村古老的建筑、维护典型的乡村田园特征,抑或营造一种"复古化"的乡村性特征。

**4. 提供就业岗位与员工培训——助推乡村人才振兴**

一是开元酒店集团旗下的乡村度假酒店招聘本地员工,大量吸纳本地劳动力,并帮助当地残障人士再就业。富春溪西畔的方外酒店为当地人提供家门口的就业岗位,据方外酒店总经理介绍,酒店目前有员工90余人,其中本地员工的比例超过了75%。

二是开元酒店集团开展系统性的人才培训。如方外酒店员工张超龙起初在应聘时被酒店运营保障部门录用,在接受系统的酒店服务和综合维修技能培训后,担任酒店综合维修部技术骨干。

由此可见,酒旅企业进入乡村为当地人带来就业机会,企业提供大量就业岗位,留住当地人的同时吸引乡村人才回流,从而助力乡村空心化问题的解决;另外,酒旅企业依托自身系统性的人才培养机制及薪酬激励制度,提升乡村文旅运营人员的综合管理能力和创新思维能力,源源不断地培养高素质、可持续发展的文旅人才力量。

综上所述,开元酒店集团开展探索乡村振兴的行动有着卓越表现,通过开元酒店集团实践案例反观酒旅企业市场下沉助推乡村振兴,主要措施有促进乡村产业的融合发展、乡村生态环境魅力焕新、乡村传统文化传承变革、乡村人才就业与人才培养，上升到理论层面也体现出旅游业对乡村性重构的影响，即后乡村性，包括乡村"新移民化"、乡村"再地方化"、乡村文化城市化、从居住到栖居、从城乡二元对立到城乡连续体、从社区参与到社区营造。接下来，众多酒旅企业也将放眼于乡村地区，在开展多元业务、创新多元产品的同时继续肩负乡村振兴的责任和使命，未来我们也将会看到酒旅企业与乡村振兴深度融合，并交出旅游业和乡村共同富裕的最优答卷！

2022.02.23

# 高星级酒店餐饮外卖之路在何方？

张 超 范乙琼

堂食减少、线上订餐、无接触配送已成为餐饮业的热门话题，许多餐厅都提供了线上外卖代替堂食。随着"五星外卖送到家"渐入人们的视野，许多高星级酒店开始尝试对周边商务楼和居民推出外带套餐。这种举措一方面可以解决食材积压问题，增加营收；另一方面也为周边写字楼工作人员提供了便利。美团外卖数据显示，近期已有数十家星级酒店入驻平台。

高星级酒店餐饮转型走平民化道路虽是疫情之下酒店增加营收的自救行为，但从长远来看，这一新思路或许将推动餐饮模式转型。一是高星级酒店具备发展外卖的条件和优势。目前外卖市场上除了一些品牌餐饮之外，大多数为小商家，品质管控弱，卫生水准存在隐患。高星级酒店有系统的管理、完备的设施、专业的团队，只要合理控制成本，拓宽销售思路，完全可以在外卖市场占领一席之地。二是高星级酒店餐饮趋于社会化，有利于挖掘潜在客户。以往星级酒店餐饮主要为住客内销，覆盖范围窄，以外卖业务当作顾客流量入口，筛选目标客户并将其转化为私域流量，可以为今后的酒店销售蓄客。

虽然外卖目前发展形势火热，但高星级酒店打破以往高高在上的形象，进军大众平台，难免出现"水土不服"。当务之急是快速找准市场定位，制定合适的营销策略，并有效控制成本。

## 一、市场定位方面

开辟高端外卖市场，定位星级品质外卖。传统的大众外卖市场以低价快餐为主，卫生"脏乱差"问题频繁出现，只满足顾客简单的饱腹需求。高星级酒店外卖则注重品质，卫生要求标准高，餐品质量稳定，旨在满足顾客对高品质生活的追求。在健康意识普遍提高的当下，高星级酒店将凭借安全新鲜的标签打开品质外卖市场。随着顾客形成固定的外卖餐饮消费习惯，市场对于高品质外卖的需求将越来越多，而高品质具有不可替代性，具有持续消费的驱动力，同时也会促进外卖市场水平整体提升。

目标客群定位为周边商务与家庭群体。与社会餐饮相比，星级酒店外卖成本高，仅靠零散订单难以营收平衡。高星级酒店应重视社区客户，包括为周边写字楼白领推出午餐套餐，为周边居民推出周末优惠家庭自助餐等。加强与周边写字楼商务群体达成送餐意向，提供员工团餐是可挖掘的重点方向。

## 二、产品开发方面

首控食品安全。当下人们对于卫生、安全、健康的餐饮食品具有高度的敏感性。酒店需保证采购、烹饪、配送各个环节有专人把控，力保食品安全。配备用户放心卡，向顾客展示食材采购来源、厨师健康情况、出餐环节消毒情况、配送人员健康情况。提供无接触配送，打造安全卫生、新鲜健康的品牌形象，以获取更多的客源和回头率。

确保菜品质量。品牌效应和品质保证是实现销量跨越式增长的根源，外卖的核心是菜品，客户的留存只能靠菜品的质量。顾客感知到外卖口味与堂食口味一致性高时，将提高复购率。而复购频次较高的顾客会成为免费的推广者，如此则可以滚雪球的方式将周围的潜在客户转化为有效客户。

提升味蕾体验。之前人们对外卖的需求大多是快捷和饱腹，但后来慢慢地转变为对美食的渴望。高星级酒店可利用菜品精致美味且多样化的优势，设计能够提升顾客味蕾体验的菜单。同时，以外卖餐品作为引流产品和特色产品，能够通过多元产品的搭配和整合，满足不同场景和不同层次的顾客需求，既可以吸引更多顾客到店堂食，还可以为进一步提高转化率和每客单价提供机会。

净菜到家服务。高星级酒店的配套厨房具有食材处理和加工能力，可针对区域内顾客群体对饮食的需求设计半成品套餐，提供净菜到家服务，将原材料处理搭配好，并附带制作方法。净菜到家服务对于既没有时间和精力准备餐食，又对食物和生活品质要求较高的客户群体很有吸引力，只需简单加工就能完成精美菜品，既能实现健康饮食，又能树立热爱生活的高端人设，满足社交需要。

设计精美包装。高端餐饮卖的不仅是菜品，更是环境、品位、服务和社交。根据晕轮效应，精美的包装会预先使消费者心生好感，因此可借助包装提升餐品效果，达到或超越消费者预期。同时消费者的炫耀型消费心理会使其更加重视仪式感，从而促使其拍照并分享在社交平台，酒店的知名度和美誉度能因此得以提升。

### 三、营销渠道方面

第三方平台渠道。高星级酒店可考虑与第三方平台合作，迅速打开外卖市场。对于外卖市场，从产品开发包装到市场推广宣传，星级酒店往往经验不足，且没有自身配送人员。而第三方平台往往具有丰富的实战经验，可以共同参与酒店外卖的各个策划环节，联手开拓外卖从线上到线下的市场。

自主社交平台渠道。外卖行业的迅猛发展催生了很多例如配送、宣传推广等第三方服务平台，第三方平台虽能增加销量，但顾客资源只存留在平台层面，酒店自身较为被动，因此以酒店自身微信公众号或微信群为基础的私域流量经营尤为重要。可考虑利用酒店微信公众号进行产品宣传，提供可满足不同需求的菜谱，顾客可以通过公众号选择合适的订餐业务；也可将之作为周期订餐业务的入口，满足以周期为单位定制周餐或月餐的顾客的需求。

### 四、营销沟通层面

直播促销模式。随着电商直播带货形式的兴起，云海肴、西贝等餐饮企业的大厨们走到了台前，把后厨变成了直播间。在直播中介绍餐厅的经典菜品并现场制作，同时直播间推出这道菜品的外卖优惠券，直播间成为品牌宣传的"掘金地"。品牌自身影响力间接决定了顾客对直播活动的关注度，高星级酒店的品牌效应本身就自带流量，可将直播平台作为营销活动入口，为企业造势赋能。

精准投放广告。高端外卖主要客群为写字楼白领，投放广告的地域选择要有所偏向，重点在目标区域投放广告。同时利用全员营销理念，可根据酒店内部员工进行人群划分，设计不同版本不同档次的外卖宣传海报。例如，中高级管理层朋友圈投放广告以高价位产品为主，普通员工朋友圈投放广告以平价产品为主。

### 五、定价策略方面

合理区分引流产品和特色产品，针对不同产品类型进行差异化定价。引流产品以在当地最受欢迎的高品质特色菜为主，如单人中式套餐和家常小炒，简单便利且易有效地引导客流。特色产品则包括高星级酒店擅长的西式甜品和健康热饮等，此类产品定价较高，但也可能吸引到价格敏感性较低群体的注意。引流产品在价格制定上要保证亲民，顾客一般都能负担得起，销量自然会非常高，同时还能带动特色产品的销售，最终提高客单价。

## 六、成本控制方面

借力共享厨房控制物料和人工成本。共享厨房通过顶级大厨专业烹调，配以中央厨房标准化加工，共享优质源头食材，共享厨师专业厨艺，共享现代化标准加工技术。借助共享厨房，既能够节省人工成本，又能够保证菜品稳定性，进而有效缓解高星级酒店餐饮成本高和大众外卖价格敏感度高之间的矛盾，从供应链入手，将成本最小化作为提升利润的最佳切入点。

合理规划送餐方式，控制配送成本。酒店外卖配送方式一般分为两种，一是通过饿了么、美团等外卖平台配送，二是酒店自己负责配送。外卖配送效率直接影响酒店人力成本和服务质量。若接单范围较远，不但无法保证及时送达，长时间路途颠簸更影响菜品口感。因此，酒店应结合实际情况，合理限制订单范围，选择不同的配送方式。针对超出配送范围的团体工作餐订单，可选择更为快捷的同城闪送形式。

顺应餐饮品类线上化进程的加速，从被动应对到主动出击，从线下堂食到线上外卖，高星级酒店也在不断地思考和探索，在各种变化中寻求商机，为市场提供多元化的服务。

2020.04.24

# 第三篇

## 数字化与运营管理

# 酒店数字化转型困境的成因与对策

李朋波　王帅康　陈　涛

"1秒入住""人脸识别""智能机器人"……

随着信息科技的进步与国家政策的出台，数字化转型已成为酒店企业拓宽市场、实现创新发展的新方向。然而，尽管酒店数字化转型已成大势，但很多业内人士也表示，由于酒店业传统性强的特性，其数字化转型面临着诸多难题。例如，一些酒店虽实现了产品的线上数字化，但线下服务依然较为传统。酒店数字化转型道路艰难曲折已成事实，但其艰难的原因有哪些？明确酒店数字化转型困难的原因，是推动酒店实现数字化转型的重要一步。本文在厘清酒店数字化转型困境成因的基础上，提出相应的对策建议，以期对酒店数字化转型有所启发。

## 一、酒店数字化转型困境的成因

明晰酒店数字化转型困境的成因，是转型过程中不可或缺的环节。酒店数字化转型困境的成因主要有以下4个方面。

1. 酒店容易陷入转型误区

数字化转型逐渐成为酒店开拓市场的重要途径，但一些酒店在转型中盲目追随其他企业，认为数字化转型即在服务的部分环节买系统、搞营销，却忽视了对系统的管理与维护及对员工的培训。同时，酒店对数字化转型是否匹配自身定位、文化环境、战略决策等方面缺乏综合考虑，从而易陷入数字化转型误区。而这种"嫁接"式的数字化转型模式不仅没有为酒店带来新发展，而且导致投资回报率没有达到预期，增加了成本和财务风险。

2. 员工尚缺乏数字化思维

其一，从认知角度看，一方面很多酒店部分员工年龄较大，素质较低，尚未完成新一批员工的迭代；另一方面很多员工对数字化经济、数字化建设等新思维认识不足，不熟悉具体业务流程，存在一定的认知障碍。其二，从角色角度看，数字化技术的引入使得传统的"线下服务"转变为如今的"线上服务",员工不仅工作角色发生了变化,而且工作内容错杂、角色过载,从而产生角色转换的负担。这些原因使得员工在酒店数字化转型中处于被动地位,无法从思想上打通数字化转型屏障。

3. 淡化酒店—顾客情感联系

酒店是服务业中精益求精的代表,注重细节的追求、情感的表达、与顾客的联结,而这也是其"俘获"众多消费者的利器。然而,一些数字化的应用在增加服务便利、提高工作效率的同时,也减少了员工直接对客服务的机会,容易忽视顾客的个性化需求,让顾客产生"冰冷"和"疏离"之感,与酒店温暖热情的服务理念相悖,从而阻碍了二者间的情感传递。总之,数字化应用在给酒店带来便捷的同时,也在剥夺酒店的情感投入,削弱了酒店与顾客之间的情感联系。

4. 对消费者体验关注不足

其一,酒店通过数字化技术掌握着顾客的许多信息,一些酒店泄露了信息后,导致客人隐私遭到暴露,带来安全和信任问题,这不仅会损害酒店的声誉和形象,还会直接影响顾客的满意度和忠诚度。其二,一方面一些酒店使用的数字化技术浮于表面,无法聚焦、满足顾客的真实需求;另一方面过于前沿的数字化技术甚至让顾客产生排斥和恐惧心理,不利于形成良好的入住体验。

## 二、酒店数字化转型的对策

酒店应如何实现数字化转型,为产品和服务赋能加量,实现有序发展?针对以上分析,提出以下三点对策建议。

1. 定位核准:需求与互联

酒店在进行数字化转型之前,应明确数字化技术是其发展的加速器而非决定性因素这一底层逻辑,并且明确数字化转型必须与酒店的发展战略相匹配,牢记自身定位与实际需求,不可盲目追随其他企业,从而实现系统且有序的变革。在引入数字化技术之后,酒店应强调数字化应用的"一致性、联通性",将其贯穿于整个服务环节,而非割裂开来仅实现部分数字化,要最终达成从顶层设计到具体操作的全方位、"端到端"的数字化转型目标。

2. 思维转变:培训与学习

第一,数字化转型是战略层决策、"一把手工程",酒店应从核心管理者即高层抓起。这要求酒店要充分发挥高层管理者的领导带头作用,通过转变其数字化思维,进而转变全体员工的数字化思维,在酒店中形成数字化思维的垂滴效应。第二，加强培训学习，制订技术破壁计划。酒店可组织专业团队来扫除各部门的业务盲区，加深员工对数字化技术的理解与掌握，最终实现拉齐思想认知、统一操作方法的目标。

3.数据管理：安全与体验

第一，酒店应加强对数据的管理、维护和分析，可通过组建专业团队，增设信息安全部或数据分析中心来有效掌握顾客信息，精准服务和营销、防止信息泄露，保障顾客信息安全。第二，酒店应将服务的温度融入数字化转型中，注重与顾客的情感沟通，提高顾客对用心服务的感知度，对技术使用的体验感、满意度。例如，对顾客进行住后调查，了解相关技术在服务中的优缺点并及时调整对策，最终实现酒店数据管理优、客人入住体验佳的目标。

## 三、结语

酒店数字化转型既是时代发展的需要，也是对未来趋势的把握，只有在认真分析自身战略定位、统一数字化思维的基础上，才能防止陷入数字化转型误区，从而在数字化转型道路上弯道超车，实现可持续发展。

2022.01.25

# 数字化时代的信息困境：酒店如何为顾客信息上把"锁"

余琦斌　张　超

随着个性化服务和精准营销日益受到酒店业的重视，顾客信息已然成为酒店实现商业价值的关键生产要素。由于酒店顾客信息密集且可识别价值大，同时酒店自身安全系统相对薄弱，酒店业极易成为黑客攻击的目标。近年来，发生在酒店行业的顾客信息泄露事件屡见不鲜。根据网络安全公司 Trustwave 统计，2019年酒店行业的数据泄露量在全行业中排名第三，占比 10%。酒店数据泄露事件频发，不仅影响酒店的品牌声誉，而且威胁广大顾客的个人信息安全。

如今，酒店数字化转型使个人信息安全面临新的困境。依托大数据和酒店智能设备，酒店掌握的顾客信息除了姓名、证件号和联系方式等基本入住信息外，还可以获取住客的习惯偏好和生物识别等特殊信息。而脸像、虹膜、指纹等生物特征信息，在一定程度上具有唯一性和不可更改性，一旦泄露或冒用将造成永久性安全隐患，不法分子可能会在各种场合冒用信息主体身份，导致账户被盗用、身份被伪冒，带来资金损失。

2022年3·15消费者权益保护日发布的报告显示，除身份证和手机号码外，35.75%的消费者表示更加关注生物特征信息，并有 16.36% 的消费者表示遭遇过个人信息被侵犯或泄露的情况。"一朝被蛇咬，十年怕井绳"，面对屡屡曝出的信息安全事件，处在弱势地位的消费者对涉及自身信息和隐私的话题格外敏感。

## 一、遭顾客"误解"的信息采集

今年2月24日，某知名餐饮企业"被爆私下给顾客打标签"的词条冲上微博热搜第一。根据网友爆料，在顾客不知情的情况下，该餐饮企业在会员系统里给顾客贴标签，内容包含了体貌特征和个性需求，如"1.68 米左右、戴眼镜、长头发、圆脸型、25 岁左右、喜欢在 App 上投诉""吃橙子需要服务员给剥皮"等。

该做法引起了不少网友对个人隐私和信息安全的热议。对此，该企业回应称，打标签只是为了优化顾客店内消费体验，更好地服务顾客，企业尊重顾客隐私，禁止店内收集详细的顾客个人信息。

作为一家以提供极致服务体验而著称的餐饮品牌，该企业在此次事件中引发争议的做法是将顾客体貌特征等作为标签，纳入企业个性化服务提升体系之中。尽管建立这类标签的出发点可能是企业为了加强忠诚顾客管理，但是对顾客体貌特征予以主观评价显然引起了顾客的不适感。

站在企业的角度，通过多维度收集顾客信息，根据顾客特点进行分类，建立用户画像，是企业顾客关系管理的基本手段。企业借此掌握顾客的偏好和习惯，提高服务的精准性和有效性，有利于赢得顾客忠诚和黏性。站在顾客的角度，顾客也能享受企业提供的暖心乃至惊喜的服务，获得极佳的消费体验。这本来应该是一个双赢的局面。

然而，此次事件再次表现出顾客对可能危及自身信息安全的行为极为关注，为打消顾客顾虑并给予顾客足够的心理安全感，酒店及餐饮企业亟须在保护顾客信息安全方面做出实际行动。

## 二、令顾客"安心"的信息管理

有权必有责、权责相统一。2021年以来，国家出台了一系列针对消费者隐私和信息安全的规范性文件，如《中华人民共和国个人信息保护法》《互联网信息服务算法推荐管理规定》，对顾客信息的采集和使用提出了更高的标准和要求。在相关法律法规逐渐完善的路上，酒店需要进一步做好信息管理工作，才能最终赢得顾客信赖，实现双赢。酒店企业可以在以下四个方面做出行动和尝试。

1. 制订酒店顾客信息采集的规范

在数字化转型中，酒店通过采集信息以洞察顾客需求固然对企业发展起着不可或缺的作用，但保护和尊重顾客信息安全同样重要。在充分理解并严格遵守相关法律法规的基础上，酒店应以顾客利益为出发点，制订顾客信息采集的规范。酒店应根据提供的产品和服务，明确信息采集的边界，限于实现目的的最小范围，同时遵循非必要不采集、非同意不收集的原则。例如，在收集基本入住信息基础上，如果酒店需采集额外信息，应当给予顾客充分的知情权和选择权，并且不能因顾客拒绝收集而采取"歧视对待"或降低服务质量。

2. 建立健全酒店顾客敏感信息分级标准

根据2021年11月1日施行的《中华人民共和国个人信息保护法》，酒店顾客的信息可分为敏感信息和非敏感信息，其中敏感个人信息的种类，包括生物识别、宗教信仰、特定身份、医疗健康、金融账户、行踪轨迹等信息，以及不满十四周岁未成年人的个人信息。在相关法律的基础上，酒店应按顾客信息的敏感程度实施分级分类管理，并采取有针对性的保护措施。对于非敏感信息，如浏览习惯、使用偏好等，应在采集后立即做好数据脱敏、去标识化处理。针对敏感信息，酒店企业应明确收集目的并取得顾客的单独同意，事先进行风险评估并采取更为严格的防护措施。例如，敏感信息应在顾客离开酒店后一段时间自动删除，以避免信息泄露造成的严重后果。

3. 加强酒店数据库的安全防护能力

酒店信息安全建设既是法律的要求，也是酒店发展的必然要求。一方面，酒店须强化网络安全建设和管理，严格管理酒店数据库的权限，加强信息安全系统抵御数据篡改、黑客攻击等风险的能力。另一方面，酒店可寻求与第三方数据库合作，帮助酒店企业提高安全系统的抵御能力。例如，锦江酒店与华为云数据库合作，将数据库从私有云迁移到华为公有云上，既提升了酒店的运营效率，也利用公有云严密的监控体系提升了数据库的稳定性。

4. 探索区块链技术与酒店信息保护的结合点

酒店企业可以利用区块链技术保护好顾客信息。区块链技术具有去中心化、匿名性和不可篡改等特点，有望能解决酒店信息安全的问题。例如，通过区块链技术，顾客的身份证信息将被转换为一串不可更改的加密数据，而人脸信息也将会被加密化处理，顾客办理入住时仅需提供加密数据即可；一旦发生数据泄露事件，可依据该加密数据迅速锁定犯罪分子并予以严惩。尽管该技术目前仍处于发展阶段，但酒店行业可积极探索区块链技术与信息保护的结合点，利用该技术给酒店信息安全管理带来新的变革。

## 三、结语

在数字化时代，顾客信息无疑是酒店发展中重要的无形资产。在酒店企业建立用户画像的过程中，也伴随着信息管理和保护的问题。顾客信息取之于顾客，更要用之于顾客，酒店在取得顾客信息创造价值的同时也应回馈顾客更好的消费体验，不能因信息滥用或泄露而带给顾客困扰。酒店应妥善使用和管理好顾客信息，从而实现企业发展与顾客体验提高的双赢局面。

2022.03.31

# 智能化酒店，不止是机器人

孙蓉蓉　段　壮　秦　宇

在移动互联网、物联网和人工智能技术快速发展的趋势下，酒店顾客希望享受到智能化的住宿体验，而酒店企业也希望借助智能技术提升其运营水平。当前，国内酒店广泛应用自动化、语音控制、人脸和动作识别等智能技术改善服务体验。其中，运用最广、曝光率最高的是兼具聊天、送物和礼宾等多类功能的服务机器人。然而，使用自助入住设备和送物机器人，只是目前酒店业智能化转型大潮中的一小类应用，将智能化酒店等同于机器人，是对智能化酒店的简化与误解。事实上，酒店的智能化建设主要体现在酒店企业的运营管理和营销两个方面，主要目的是降低人力与能耗成本、提高运营效率。以下，我们列举国外酒店企业智能化建设的一些思路，以便国内酒店参考借鉴。

首先，智能化技术的最大应用价值在于改变酒店企业的内部运营和管理模式，特别是改善原来较为传统、烦琐的管理工作，如财务管理和人力资源管理。酒店企业的业务复杂、交易类型多，相应地，酒店企业的财务管理程序也非常繁杂。为简化财务管理程序，美国的一家知名酒店管理公司 Twenty-Four Seven Hotel 采用了 Aptech（酒店会计软件系统供应商）最新推出的 PVNG 酒店会计平台。PVNG 可轻松处理单项或多项财产核算，具有高度灵活的报告定制功能。在平台设计方面，该平台的菜单体系结构清晰，易于工作人员使用。并且，PVNG 的云平台允许管理者在移动设备上管理和审查财务流程，为企业的财务运作提供更大的空间。此外，酒店经营者可借助强大的数字技术、合适的员工管理平台有效提高管理能力。比如，美国的全服务酒店投资与管理公司 Granite Hospitality 采用的员工管理平台 Time Management 可准确分析出酒店所有业务的人工成本。该平台通过智能技术监视店内日常运营状况、跟踪员工的出勤和绩效，并能针对酒店的具体需求制订员工任务计划。酒店的员工管理难度高，且成本占比大，一个可以轻松监督和分配任务的平台可大幅度提高酒店的管理效率并节省成本。

其次，智能化技术还可以运用到分析市场需求、制定营销决策和线上宣传策略等市场营销的关键环节。洲际酒店集团（InterContinental Hotels Group PLC）采用了酒店行业首个市场需求智能预测工具 Market Insight 来实时获取市场未来一年内的预订热度趋势。该工具利用数百万的数据点和前端科技，透彻分析特定区域和各细分市场顾客需求的重要信息，对来自 OTA、分销系统、航班和元搜索等途径的数据信息进行综合分析，最终以可视化方式将预订前的需求数据呈现给酒店经营者。该智能预测工具为洲际酒店集团扩大规模和提升业务能力创造了有利的条件。同样，如果没有全面的顾客数据基础，酒店制定的营销决策将缺乏及时性、针对性和准确性。拥有世界一流酒店的米高梅国际酒店集团（MGM Resorts International）便早已意识到顾客数据的重要性，其部署的企业顾客数据平台将多个独立的数据库整合成单个通用数据库，以便在顾客访问之前、期间或之后的关键时刻向顾客提供精准的促销消息。同时，该平台还可删除大量重复数据以便更准确地联系顾客。此外，美国一家具有 40 多年历史的外滩度假租赁公司 Twiddy & Company 利用 SAS Analytics 系统优化了数字广告和营销活动，促使潜在租户与可用房间进行精准匹配。由此可见，基于大数据来制定营销决策对于酒店的长远发展至关重要。此外，目前国内大多数的酒店网站和 OTA 平台上的宣传页面仅通过照片来传达酒店的真实面貌，而国外多家酒店的宣传材料已经从文本和图像转换到 360 度视频（也称为 VR 酒店旅游），通过沉浸式视频片段展示酒店的各区域以及细节，帮助酒店增加潜在顾客预订酒店的机会。例如，迪拜的第一家综合性度假酒店 Atlantis Dubai 的沉浸式 360 度视频以顾客视角展示了虚拟的酒店之旅，彰显酒店特色，将酒店的奢华体现得淋漓尽致。印度度假村 Vythiri Resort of Wyanad 通过 360 度视频不仅为顾客展现了度假村的丛林主题，也向顾客宣传了周边的热带雨林等自然美景。

最后，需要指出的是，目前国内酒店使用的机器人主要具有简单的对话、送物等功能，并未涉及或解决酒店业服务的"人—人"互动带来的高成本、稳定性差等问题。能真正提高酒店服务互动效率和质量的，应是基于先进智能技术的"人—机"互动机器人。例如，希尔顿全球酒店集团（Hilton Worldwide）与 IBM 公司合作推出的基于人工智能的礼宾机器人"康妮"（Connie）。该机器人采用语音识别、合成和分类等智能技术，可与顾客进行自然流畅的对话，对话逼真到难以分辨。此外，在与顾客交流的过程中，康妮还会不断地进行自我学习与改进，与顾客互动的次数越多，学习的内容就越多，最终可根据会话记录分析顾客偏好并向顾客提出与当地旅游景点、美食及特色产品等有关的个性化建议。这样的智能机器人应成为今后酒店业中智能化技术应用于对客服务的真正方向。

2021.01.20

# 共情表达：酒店人工智能服务的双刃剑

## 李 楠 张 超

近年来，诸多酒店张开双臂拥抱人工智能，因其不仅可以进行精细化管理，降低人工成本，提高工作效率，还可以改善顾客体验，提高品牌知名度和顾客忠诚度，进而提升酒店核心竞争力。然而，人工智能在酒店领域的广泛应用也存在很多争议，最典型的例子是日本的 Henn-na 酒店。曾经 Henn-na 酒店内的工作人员 90% 以上都是机器人，但是随着慕名而来入住的游客越来越多，机器人因无法识别客人行为中的细微差别而导致故障接连出现。例如，负责叫醒的机器人半夜把呼噜声当作起床信号反复叫醒客人，负责登记入住的机器人在很多情况下都无法准确理解客人的意思。

随着人工智能技术的飞速发展，具有一定"人情味"的服务机器人也渐渐走入人们的视野，具备陪伴聊天、情绪反馈、互动娱乐、比对推荐等共情表达能力。与此同时，褒贬不一的评论更是不绝于耳。那么，对于酒店服务业而言，应该如何看待人工智能技术中的共情设计和应用，是一个值得关注并有待商榷的话题。

## 一、酒店人工智能共情表达具有的优势

酒店服务机器人的应用正在改变企业与顾客交互并创造价值的方式，而共情是服务交互中重要的情感要素。事实证明，懂得共情的服务人员会将自己置身于顾客的位置，更有可能引发和谐的互动。同样，与只提供基本信息的人工智能设备相比，顾客更喜欢与那些能够表达情感、具备同理心的共情机器人互动。

首先，共情能够改善顾客对人工智能设备的接受程度。缺少共情能力的服务机器人通常被认为是冷漠的，仅仅是模拟人类服务的机械替代品；而当机器人表现出微笑、幽默沟通等共情行为时，顾客的情感感知就会有所改善，并倾向于将机器人视为社会参与者，不由自主地应用人际互动模式和社会规则与机器人进行

交互，从而提高对整体互动质量的评价和对人工智能设备的接受程度。

其次，共情能够提高顾客与人工智能的价值共创意愿。共情意味着服务机器人充分认识到顾客的存在，会主动照顾顾客的需求、兴趣和感受，给予顾客个性化的关注，并将他们的最大利益放在心上，满足顾客希望从酒店服务中寻求情感属性的愿望，进而使顾客更愿意投入时间和精力与机器人互动并共同完成一系列服务活动（例如，预订酒店房间、交接传递物品、进行信息咨询等）。

最后，共情能够减少人工智能服务中的顾客不文明行为。使用服务机器人在一定程度上降低了酒店对顾客行为的约束，从而纵容更多不文明行为的出现，如未经允许从送货机器人处拿走物品、对服务机器人拳打脚踢等。然而，此类情况会随着人工智能共情程度的提高而得到缓解，因为共情会增加顾客的感知风险（如被发现或被惩罚），同时激发顾客的利他动机，产生更多的亲社会行为。

## 二、酒店人工智能共情表达存在的潜在问题

人工智能共情在促进融洽关系、增加合作行为、减少机会主义并提高关系质量的同时，也可能产生一些较为消极的影响。

首先，共情容易阻碍顾客选择人工智能的知识型服务。对于情感属性较强的任务（如陪伴顾客沟通聊天、与排队顾客互动娱乐等），顾客更加看重服务的体验和主观感受。然而，对于认知属性较强的任务（如酒店餐厅菜品比较、康体服务项目推荐等），顾客则更加重视服务的效用和实用功能，往往需要更为客观、理性的评价和判断，而此时共情可能会掩盖人工智能强大的数据收集、整合、比对和推荐信息的能力，降低顾客对其知识型服务能力的信任，从而对使用人工智能产生抵触心理。

其次，对人工智能共情的较高期待容易导致顾客出现消极情绪。尽管顾客知道人工智能不会真正处理感觉、意图、自我等人类动机，但共情表达会给顾客带来服务机器人是社会参与者的错觉，并对其情感能力存在较高的期待。然而，目前的人工智能服务技术并不完美，共情表达更难尽如人意，服务失败时有发生（如忽略了顾客的需求、误解了顾客的情绪等），进而导致顾客对服务体验的满意度直线下降，相比于非共情人工智能的服务失败产生更多失望、沮丧、愤怒等消极情绪。

最后，过度的人工智能共情容易导致"恐怖谷效应"。"恐怖谷效应"是指当一个事物与自然的、活生生的人或动物极其相似，但又不完全相同的时候，它会让一些人产生反感厌恶的情绪反应。随着共情能力的逐步提高，人工智能将能

够完成更加复杂的任务，并在较少的人类干预下对各种环境做出反应，然而过度的共情会使顾客感受到身体和精神被控制，地位和角色被替代，安全、自由和尊严受到威胁。显然，顾客还没有或者永远没有准备好将自己完全置身于"酷似人但又不是人"的服务机器人之中。

## 三、关于酒店人工智能共情发展的几点思考

2022年11月底，一款叫作"ChatGPT"的人工智能聊天机器人横空出世，它不同于以往的AI聊天，具备更强的共情能力，可以根据对话内容和情感比较完善、有逻辑地回答情感问题，在各行各业（包括酒店业）中掀起了革新浪潮。可见，酒店人工智能共情表达的未来发展不容忽视。

首先，酒店人工智能的共情表达可考虑按照服务任务类型进行差异化设计。酒店服务业需要深入了解顾客的实际需求与人工智能共情表达内容的匹配度，重新设计服务流程，分配合适的服务机器人和人类员工无缝协作，合力提供优质的顾客体验。其中，关键在于人工智能应用程序的特征（特别是共情能力的强或弱）与服务任务的性质（特别是情感型或知识型）相匹配：对于顾客希望与员工建立密切关系的情感型任务，共情表达将增强顾客的接受程度，因此可以安排共情能力相对较高的人工智能或人类员工提供服务；相反，对于需要充分展示人工智能高科技性能的知识型任务，共情表达将降低顾客的接受程度，因此可以安排共情能力相对较低的人工智能提供服务。

其次，酒店人工智能未来可进一步拓展共情表达的类型和广度。理想的人工智能的共情表达能够达到四个交互维度：认知共情（理解顾客的情绪）、情感移情（分享或重新体验顾客的情感）、行为共情（根据顾客需要，做出合适的行为或交流）和道德共情（提高顾客幸福感的利他动机）。目前看来，酒店服务机器人可以在一定程度上表现出认知共情（如理解顾客的情感需求）和行为共情（如在服务失败时道歉并给予解释），但很难做到精准的认知和真诚的表达，更是无法实现情感移情（如共鸣的情感互动）和道德共情（如激发顾客的利他动机）。以上四个维度的共情表达可以成为提升酒店人工智能优质服务体验的努力方向。

最后，酒店人工智能未来需合理控制共情表达的强度和深度。根据"恐怖谷效应"，共情表达在一定范围内会增加顾客对于人工智能的积极情绪，但是当人工智能与人类的相似程度达到恐怖谷值时，这种积极情绪会突然变得消极。因此，在人工智能共情设计和开发的过程中，应该合理控制其表现出相似性极高的人类情感，始终使顾客坚信机器人是被适当地监管和限制的，机器人缺乏自我独

立意识、主动行动能力和某种特殊目的，无法超越其编程或设定的指令，符合人类社会科学伦理道德和价值观，进而减少顾客对于人工智能控制人类、执行伤害人类的命令，甚至完全取代人类的担忧与恐惧，尽量避免"恐怖谷效应"带来的消极效果。

## 四、结语

酒店人工智能的共情表达是一把"双刃剑"，一方面可以帮助弥合顾客在服务体验中"人工智能—人类"之间情感和社会属性的差距，并带来很多积极的效果；另一方面也存在一些可能的隐患和危机。如何用好"共情表达"这件"利器"，酒店业任重而道远。

2023.06.26

# 服务业也呼唤工匠精神

## 李朋波　靳秀娟

当前，我国正处于经济发展方式转变与产业升级的关键时期，上至国家下至企业都提高了对产品和服务品质的追求。"品质革命"的背后是对工匠精神的坚守和弘扬，2016年至今，"工匠精神"已连续4年出现在政府工作报告中，成为品质革命的重要推动力并受到了各行各业的重视。狭义的"工匠"聚焦于制造业和技能型从业者，但广义上的"工匠"并不局限于此，而是广泛存在于各行各业具有精湛技艺、诚信敬业、追求极致的劳动者群体中；工匠精神不仅存在于以实物产品为生产对象的制造业和手工业中，也广泛存在于以提供服务为核心特征的服务业中。因此，在弘扬工匠精神成为全社会共识的背景下，也需要重视对服务业工匠精神的培育，并以此来促进服务品质提升和服务经济发展。

### 一、重视和培育工匠精神是我国服务业的现实需要

从产业层面看，我国服务业存在着总量不断提高和服务品质整体水平不高的矛盾，需要以工匠精神推动高质量发展。服务业对国民经济的贡献及在社会生活的作用越来越重要，第四次全国经济普查数据显示，2018年服务业占国内生产总值的比重达到53.3%，2013年到2018年，服务业对经济增长的贡献率超过59%。然而，我国服务业整体的品质仍存在着水平不高、参差不齐、稳定性不够等突出的现实问题。例如，近年来受大众喜爱的旅游民宿业就是其中的典型代表，在受到行业投资者、消费者追捧的同时，有很大比例的民宿项目在住宿、餐饮等环节存在品质差的突出问题。在当前我国经济从"量驱动"转向"质驱动"的背景下，服务业也进入了高质量发展阶段，需要以工匠精神来促进发展方式转型升级。

从市场端来看，消费者对服务质量和品质的需求尚得不到很好满足，需要以工匠精神促进服务产品的品质提升。在互联网时代，随着主动权从企业一端转

移到消费者一端，消费者的需求成为驱动产品和服务升级的最终力量，服务业高质量发展的最大动力也来自消费者。在此形势下，我国涌现出了一大批以顾客为导向的服务企业，并特别强调以服务质量和品质为中心的"中国服务"。但非常遗憾的是，由于服务品质问题导致的服务行业及企业危机事件依然持续发展。例如，一些被誉为服务品质典范的高星级酒店，近几年来因"卫生门""床单门"等事件不断被推到社会大众批评之声的风口浪尖。这些问题从表面上看，是产品和服务的问题，但反映的是当前服务业面临的系统性问题，最终体现的则是工匠精神的缺失或培育不足。

从企业层面看，工匠精神的培育及由此形成的服务精神既是服务企业核心竞争力的来源，也是服务企业实现长远发展的基因。服务企业的竞争力来自每一名员工的职业素养和对品质提升的不断追求，来自企业长期对高服务标准的坚守。在全世界范围内，那些能够长期产生较大品牌影响力的服务企业，均非常强调对工匠精神的培育，并努力使其成为每一名员工的职业追求。

从纵向持续发展的角度看，工匠精神正是那些百年服务企业基业长青的基因，尤其是很多知名的饭店、餐饮等传统服务企业，就是靠着对"服务于人"的价值追求和对服务品质的坚守，很好地应对了动态多变的外部环境。当前我国存在一批老字号和数量众多的经历了改革开放历程的服务企业，它们都面临着如何实现长远发展的议题，工匠精神的培育无疑是破解该议题的重要途径。

## 二、品质追求、业务技艺、职业态度和传承关怀是服务业工匠精神的维度构成

服务业工匠精神是一个多层次、多维度和立体化的概念，既具有工匠精神的一般性和普适性的内涵，也具有服务情境的独特之处，包括"品质追求"、"业务技艺"、"职业态度"和"传承关怀"四个方面的内容。

对服务品质的追求是服务业工匠精神的终极目标。2016年政府工作报告中首次提出工匠精神培育时，即将"精益求精"作为工匠精神的代名词。在各行各业中，也出现了类似"追求完美""追求卓越""品质优化"等提法，用以表达工匠精神的核心内涵，例如，2018年评选的"大国工匠年度人物"，他们均是对产品制造不断追求卓越品质的人物案例。同样地，服务业工匠精神的核心内涵是对服务品质的不断追求，并体现着每一家企业在发展历程中和每一位从业者在职业生涯中的终极目标。

业务技艺和职业态度体现了服务业工匠精神的"精一"。对服务的品质追求也

体现了从业者的专业能力和职业态度，而"精一"被广泛认为是工匠精神在专业技能和职业坚守方面的典型特征，其中，"精"指的就是具备高超、精湛的业务技艺，在服务业中包括高水平的能力素养和持续开展改进服务、开展服务创新的意识；"一"体现为从业者的职业态度，包括对业务的高度聚焦和深入钻研、较高的履职信念和对职业的热爱。就它们之间的联系而言，没有职业态度上的"一"就难以成就业务上的"精"，业务上的"精"背后体现的是职业精神的"一"。

传承关怀体现了从业者在服务业工匠精神传承中的作为。无论是将工匠精神视为高水平的专业技能、一种职业精神或是一种企业文化，都存在着传承的问题，这种传承属于服务业中"工匠"们的社会责任。这种社会责任体现在两个方面：一是在时间维度上对工匠精神能够延续下去所具有的责任及作为；二是在空间维度上对所在机构、所在行业和所从事职业的关怀，即让服务业工匠精神在时间上得到延续、在空间上产生更广泛的积极影响。

### 三、多层次路径促进服务业工匠精神培育

在全社会营造承认、尊重和重视服务价值的氛围。工匠精神的培育首先需要来自社会文化环境的支持。但整体来看，尽管我国已进入服务经济时代，但社会大众对服务业的认同程度与其在经济发展中所发挥的巨大作用是不匹配的。针对这种情况，首先要转变"重实物价值、轻服务价值"的传统观念，让社会大众认识到服务经济给全社会创造的巨大价值和财富，让消费者真正认同服务作为一种商品所具有的价值。其次，要通过树立高品质服务企业案例、高技能服务从业者典型人物等方式，让全社会直观感受到服务业对品质的重视及从业者们的职业精神；最后，在政策层面需要建立对高品质服务企业和高水平服务技能人才的激励措施，例如加强国家级层面的和体现中国服务精神的奖项设置、加强对高技能服务人才在职业发展方面的配套激励机制等。

在服务企业内部构建以工匠精神为导向的管理体系。在企业内部，工匠精神的培育是一项涉及方方面面的系统工程，需要以工匠精神为中心和最终导向来构建相应的管理体系。其一，构建完善的服务品质控制和提升系统，包括挖掘全流程的服务要素和执行严格的服务标准，并配套完善的服务创新与改进机制；其二，配套以服务品质为导向的人力资源管理系统，从员工的测评、招聘、培训、考核、薪资等环节全方位体现工匠精神，例如招聘具有服务意识的人员、加强员工服务精神的培训、以服务绩效作为员工考核的主要内容等；其三，增强传统职能部门的服务导向，构建以提升顾客服务体验为最终目标的组织构架，即企业所

有部门及员工均将努力方向指向于创造顾客价值；其四，将工匠精神打造成为企业的核心价值观和文化基因，通过文化的塑造让企业及全员的服务意识成为日常的行为习惯。

  服务业从业者需要加强服务意识和对服务精神的自我培育。作为专业技能和职业态度，工匠精神是每一位从业者个人职业素养和竞争力的核心体现，因此每一位从业者首先要从内心深入加强对服务业、服务工作、服务价值的认同，用发自内心的热爱来不断追求卓越的服务品质；其次，从业者需要加强专业主义精神的培育，用服务意识、能力和态度的高度专业化来促进服务品质提升和个人职业发展；再次，要加强自我学习和服务创新能力的培养，工匠精神中精益求精体现的不仅是"今天做得好"，更重要的是"明天要更好"，这需要从业者具备较好的学习和创新能力；最后，从业者不仅要培育自身的工匠精神，还需要增强对行业、对企业、对员工群体的责任心，具有传承、弘扬工匠精神的强烈使命感并将其转化为实际行动。

2020.09.04

# 酒店企业如何吸引并留住 90 后员工

胡丹婷　秦　宇

90 后与以前的任何一代相比更换雇主的频率都更高，他们被称为"跳槽者"。中瑞酒店管理学院的人力资源情况调查报告显示，有 46.6% 的酒店管理专业毕业生认为自己在酒店岗位应聘中专业优势不明显，甚至有 14.6% 的学生认为与其他专业应聘者相比自己没有任何比较优势；而有一半以上的酒店管理专业人表示，在适应性方面，其进入状态的周期并不比其他专业学生短。这导致了很多年轻一代的酒店管理毕业生认为自己将一直从事基础性工作，对未来的职业发展规划没有憧憬，因而在职业生涯初期就放弃了加入酒店业。尽管年轻人自己主动放弃了在酒店行业中的成长和发展机会，但是我们认为酒店企业也需要做出改变。在很多年轻人的心目中，酒店业是一个相当传统的行业，很多酒店企业招聘员工和留住员工的做法都不足以让新生代员工产生兴趣。如何在 90 后成为职场主力的时代吸引并留住新生代员工，是国内酒店企业需要考虑的问题。在这一问题上，国际酒店同行们考虑到 90 后注重个体发展和其"数字原住民"的特点，采用了较多新颖的做法。本文将对这些做法进行一些介绍，以期对国内酒店企业有所借鉴。

## 一、利用社交媒体

90 后与基于互联网的社交媒体同时代成长，对传统媒体没有兴趣。这使得基于传统媒体的很多招聘宣传渠道变得过时。如今很多 90 后的员工已不会再用传统纸媒寻找招聘信息，而是更加依赖互联网搜寻信息。为了应对这种新变化，众多国际酒店公司都开始依赖社交媒体网站来吸引新员工。我们以万豪为例进行介绍。万豪在多个社交媒体招聘频道上发布大量视频，这些视频对求职者了解企业、进行求职准备等非常有价值。例如，如何准备面试，简历的篇幅应该多长。万豪也是少数几个在 Instagram 上进行招聘的大品牌之一。万豪充分利用了各个酒店物业绝佳的位置，拍摄海滩、日落还有华丽的酒店建筑，然后上传至 Instagram，同时也展示了员工的工作、参加活动和娱乐的状态，并会为有趣的照片举办标题比赛。

万豪利用一些社交媒体吸引员工。在社交媒体招聘页面上，万豪允许访问者申请众多工作岗位中的任何一个，还可以根据地点和专业进行细分并搜索相关的职业。万豪社交媒体招聘页面的管理者不仅积极管理页面（例如，每天发布两次或以上的内容、强调在万豪工作的感受、关注极个别员工），而且万豪与应聘者的互动也做得非常出色，例如通过社交媒体招聘页面主动发帖提出一些员工工作中常见的问题（例如："你曾经在工作上犯过哪些错误？"），并针对评论进行逐条回复，提供一些有帮助的答案。每个运营万豪社交媒体招聘页面的人在回复评论的时候都必须实名，例如"Mike at Marriott"，这是万豪在社交媒体上运营招聘页面时最强调的一点。同时，为了和访问者想问的话题保持一致，万豪还在社交媒体的招聘页面上加入了一个"Career Chat"功能，会有4~5名员工实时回答访问者的问题，并就关于公司申请和接受工作提供一些有用的建议。

为了更好地和求职者进行互动，万豪推出了一种与求职者互动的新方式——Marriott Career（以下简称MC）。这是万豪在社交媒体的桌面聊天软件客户端中设置的聊天机器人。MC会模仿人类的语音模式，引导求职者通过社交媒体与之互动，指导申请者申请不同类别和地点的空缺职位，并提供关于公司文化和价值观的培训。在简短的问答环节之后，MC会帮助求职者了解在30个万豪酒店品牌中，哪些品牌更符合他们的兴趣。求职者可以通过下载最新版本的社交媒体软件并添加Marriott Career，或通过访问该社交媒体网站上的Marriott Career并点击消息与MC聊天。MC会介绍一些求职者最常问的问题。例如："你们在旧金山有餐厅经理的职位空缺吗？""我怎么和招聘人员联系？""万豪的核心价值观是什么？"

除了在社交媒体上运营招聘页面，万豪在吸引人才时还采取了游戏化战略——在社交媒体上面开发了一款名叫"Marriott My Hotel"的游戏。万豪没有简单地解释在酒店工作是什么样子，而是通过这个游戏，模拟了酒店厨房里忙碌的一天。玩家必须雇用和训练厨师，购买食材和炊具，处理户外用餐订单，同时要注意时间限制和保持固定的预算。在游戏的顶部有一个"说干就干"的按钮，可以随时把对某个工作感兴趣的求职者带到万豪招聘网站中的相关链接处。正如《华盛顿邮报》所言，这款游戏有效帮助了那些"对住宿行业了解甚少的员工"。万豪的游戏达到了两个目标——使酒店从竞争对手中脱颖而出，以及用最直观的方式让求职者了解到酒店的工作都包含了哪些具体内容。万豪全球人力资源执行副总裁 David Rodriguez 表示:"我们正在努力吸引更多的千禧一代,也就是 18 岁到 27 岁的年轻人加入我们的队伍,我们必须找到新的方法让他们对酒店行业产生兴趣。"

## 二、尊重 90 后员工的需求

90 后员工的职场思维同前人相比已有了很大的变化,他们拒绝讨好领导,更加关注自身,喜欢独自完成工作。金普顿酒店和餐厅目前的员工网络大约有 53% 是新生代员工,该酒店十分注重员工的个性表达,其员工驱动文化根植于做真实的自己和鼓励自我表达。每一位金普顿员工都可能会因其独特的观点、贡献和才能而受到重视和赞扬,与性别、种族或性取向无关。金普顿酒店及餐厅人文高级副总裁 Ginny Too 表示:"新生代员工期望公司能够反映出他们的价值观,与此同时,激励和支持员工的工作。对于金普顿而言,我们所关注的价值核心主要包括多元化与包容性、福利、社会责任和环境保护。"

同时,90 后员工在选择工作时会更加关注福利,而金普顿在员工福利方面做得极为完善。这也是该酒店得以在 2015—2020 年都名列于《财富》杂志 "100 个最适合千禧一代员工的工作场所" 榜单的一个重要原因。下面将从职业福利、医疗福利和财务福利三个方面进行简要介绍。

### (一) 职业福利

金普顿为其团队成员制定了 "常规教育发展"(以下简称 GED) 报销政策,承担其员工获得 GED 证书过程中所产生费用的四分之一;同时还有一个学费报销计划,与报销考取 GED 过程中所产生的费用不同,这个项目是在员工上大学之后,报销员工 50% 的大学学位费用,这将有利于员工目前或未来在金普顿酒店做好本职工作。

### (二) 医疗福利

金普顿提供的医疗保险计划,可以为员工及其家人支付各种医疗费用,包括住院费和外科手术费用。同时,金普顿还推出了一个孕妇支持项目,为怀孕的团队成员提供帮助,使她们的怀孕过程尽可能顺利。与医疗费用相关的是,金普顿为员工特别提供医疗支出账户,放在此账户的资金是免税的,可以用于医疗必需品的费用支出,年底时账户里剩下的钱会自动转到下一年。

此外,金普顿还特别重视员工的牙齿和视力健康,所以相应地推出了牙科保健计划和视力计划。前者全面覆盖了各种牙科预防保健以及重建手术和其他牙齿矫正服务，员工的家属也可以享受该计划；后者为员工提供所有与眼睛相关的医疗帮助，还能够支付眼镜和隐形眼镜的费用。

最后，金普顿为其员工提供了一个很好的远程健康政策。员工可以通过电话咨询并确认自身身体状况。

（三）财务福利

金普顿提供401（k）计划，这是一个养老金计划，占员工每个月工资的6%，确保员工能有一个稳定的晚年生活。如果员工需要管理他们的401（k）计划，金普顿会提供个人理财咨询，这样每个员工都可以有属于自己的个性化的投资计划。同时，金普顿的员工能够在基础的儿童保育费上享受大幅折扣，同时还提供一个日托灵活消费账户，员工可以从一个灵活的支出账户中提取资金，以支付与日托或老人护理相关的各种费用。

金普顿的带薪休假政策是：包括各种国家和个人的假期在内，员工可以在一年中的任何时候按照自己的时间来安排度假；金普顿提供一个志愿者休假计划，鼓励员工每年花20个小时从事自己选择的志愿工作，由酒店支付工资。此外，还包括了交通费报销、残疾保险和人寿保险等福利。

总之，90后员工在现在以及未来的酒店业中起着举足轻重的作用，是酒店的未来，要想降低酒店流失率、提高留任率，不仅要对90后员工人群特征进行分析，还要根据分析结果制定创新性的、可行的人才吸引措施。尽管本文所述是对发达国家酒店业的介绍，但是他们的做法对中国的酒店业具有参考意义。只有紧跟时代潮流，酒店业人才管理的痛点才能得到长足的解决。

2020.10.31

# 酒店业需要服务型领导

何颖春　江　静

酒店业作为"经营人心"的行业，要让顾客感受到服务的温度，前提就是要让员工内心有温暖的火种。而服务型领导正是点燃员工内心火种的人，他们尊重下属需求、关心员工利益、帮助员工成长、成就员工价值……酒店业需要服务型领导！

## 一、服务型领导能够让员工更具同理心，更能换位思考

在酒店经营管理过程中，服务型领导会站在员工的角度思考下属最本质、最直接的需求，并及时为员工提供关怀与帮助。长此以往，员工会潜移默化效仿领导的处事风格，在工作中时刻站在别人的角度思考问题。特别在对客服务方面，懂得换位思考的员工总是能观察到顾客此时最需要什么，并服务于顾客开口之前，如提前为乘早班飞机的顾客打包好早餐，为晚归的顾客送上温暖的夜宵，为嗓子沙哑的顾客递上一杯菊花茶……

## 二、服务型领导能够强化员工的组织自尊，提高工作绩效

所谓组织自尊是指员工对在企业的地位或重要性的感知。研究显示，组织自尊高的员工对工作满意度和组织的认同感也较高，并能显著提升工作绩效。作为一个有思想、懂冷暖的人，服务型领导重视员工的发展，在他对待下属很好的时候会让下属产生一种"我被领导看重、我在组织中是很重要的"感觉，这会大大增强员工内心的组织自尊。而根据互惠原则，领导对"我"好，"我"就要更好地回馈领导，于是员工便会产生想要把工作做好、把服务做好的内部动机，并通过提高绩效成果来回报企业和领导。

### 三、服务型领导能够增强员工信任，让员工敢于建言献策

服务型领导的利他性特点会让员工对组织和领导产生更深度的信任，进而打造领导与员工之间更加高质量的交互关系。一线员工与酒店消费者接触最多，往往会积累更多实用的经验，但若酒店领导"官架子"很严重，领导与员工之间的距离感会让员工不敢建言，导致很多有价值的信息付诸东流。而服务型领导与员工能发展出更高水平的情感关系，员工在信任领导的基础上，能够及时向领导反馈一线服务中存在的问题，领导也能在第一时间进行服务改进和提升。如此反复，服务质量便会呈螺旋式上升。

### 四、服务型领导能够提升员工工作体验，留住优秀员工

工作体验是员工在一份雇佣关系中自然而然产生的一种体验感。当下新生代员工的成长环境和以前大不相同，"千禧一代""Z 世代"的求职过程更像是消费者寻找心仪的产品的过程。于企业而言，新生代员工越来越像是顾客，员工的工作体验也应该像顾客体验一样受到重视。相关研究显示，员工的工作体验质量高的话，员工的工作主动性会更强，消费者体验就更好。服务型领导以"为他人服务""满足追随者需求""注重追随者发展"等利他性的特点为员工提供更好的工作体验，避免员工出于"不喜欢领导""不喜欢这个组织氛围"等原因而离职，留住了新生力量，让他们继续在企业发光发热。

综上所述，服务型领导能够有效助力企业发展，为酒店服务品质的提升提供有力支撑。

2021.01.06

# 多重路径促进饭店业工匠精神培育

李朋波　黄子欣

一直以来，工匠精神都是各行各业最为重视的精神品质，并被认为是驱动行业持续高质量发展的基础，尤其是继"工匠精神"首次出现在2016年政府工作报告以来，这一关键词被认为是一个重大信号，接连出现在党的十九大报告、党的十九届四中全会《决定》和各级政府的重要政策文件中。2020年11月24日，习近平总书记在全国劳动模范和先进工作者表彰大会上发表重要讲话，强调要大力弘扬劳模精神、劳动精神、工匠精神，再次肯定了这三种劳动者精神的价值与内涵。与此同时，在品质革命和消费升级的双重作用下，培育精益求精的工匠精神，增品种、提品质、创品牌，成为各行各业的发展重点。就涉及的行业而言，工匠精神不仅包括传统制造业和手工业中的技能型人才追求完美、崇尚质量的职业精神，还包括服务业、教育业的从业者对品质的坚守。其中，饭店业作为传统服务行业的代表，尤其重视服务情境中的工匠精神。因而，在当前消费者对服务品质的诉求日益提升的背景下，培育饭店业的工匠精神是一项极其重要的工作。

## 一、饭店业培育工匠精神有着多方面现实意义

从行业层面来看，包括饭店业在内的传统服务业已然成为拉动我国经济消费增长的主要动力，在各行各业寻求转型的关键时期，饭店业也应从"能"和"会"升级为"精"和"强"。近年来，虽然我国饭店行业的规模不断扩大，但尚未形成追求卓越服务品质的行业氛围，一些企业仍旧在用短视的行为追求近利。例如，在清洁服务中投机取巧、餐饮服务中偷工减料等，忽视了服务品质的同时，也凸显了饭店业缺少工匠精神的事实。

从市场层面来看，我国的消费市场已进入需求多元发展、结构优化升级的新阶段，消费者越来越重视对生活品质的追求，愿意为真正的好服务、好产品买单。因此，我国饭店市场的服务利润和服务提升空间依然很大，但是，没有以真

正的工匠精神为根基的服务终究是不完整的,也是不完美的。毕竟产品和服务是"因",品牌和口碑是"果",如若二者倒置,则会让这一切离工匠精神越来越远。

从企业层面来看,培育工匠精神及由此形成的服务文化是企业核心竞争力的重要支撑。纵观北京饭店、南京金陵饭店、广州白天鹅宾馆等老牌饭店企业,工匠精神是支撑其基业长青的坚实支柱;而对于开元、书香、花间堂等新兴的饭店品牌来说,他们也在着力提升服务品质,致力于为客人提供良好的入住体验。因此,在饭店企业中倡导工匠精神,能够帮助企业增加无形的品牌资产,应对动态多变的市场环境,最终实现长远发展的企业愿景。

我国绝大多数饭店企业提供的服务距离真正的工匠级从业者的服务仍有一定差距,且服务品质也无法维持在相对稳定、优质的水平上,如频频爆出的高档饭店"床单门"及"浴巾门"等负面新闻,表面上看是个别工作人员在服务态度和工作流程上存在问题,实则反映的是整个饭店行业的乱象,最终体现的则是工匠精神的缺失或培育不足。那么,如何在饭店中培育和弘扬工匠精神?

## 二、多重路径促进饭店业工匠精神培育

### 1. 制定以工匠精神为核心的行业监管制度

工匠精神的培育离不开全行业对"工匠"的尊重与支持,这种支持既应该是自发的,也应该是制度性的。如果市场上许多饭店都存在较明显的服务不规范问题,且没有一套权威的行业制度对其进行监管,那么这些行业乱象就会逐渐被默许和接受,而那些真正为客人提供周到服务的饭店也会受到冲击并承受更大的经营压力,久而久之,培育饭店业的工匠精神只会成为一句流于表面的口号。因此,针对饭店业的特性,坚持以问题为导向,制定以工匠精神为核心的行业监管制度尤为重要。一方面,把所有的服务工作、服务流程纳入统一的行业监督范围,定期组织开展对饭店企业的暗访和调查,能够督促各级饭店自纠自查,将各项服务要素纳入整改提升的范围内,减少现有的违规乱象;另一方面,通过严格的、可量化的行业管理标准,强化并加大对各级饭店企业的检查频度和处置力度,能够促使饭店企业规范服务操作流程,坚持服务规范和质量标准,保障并满足消费者的利益诉求,从而为积极培育工匠精神创造生存和发展的土壤。

### 2. 营造以工匠精神为核心的企业文化氛围

如果饭店企业能够自发地做到尊重工匠精神的价值,那么工匠精神就会逐渐渗透到服务的各个环节。例如,在被誉为"日本匠人精神的传道者"的日本帝国酒店中,无论是门童、前台、调酒师,还是厨师、接线员及后勤保障人员,工

匠精神已成为每一位服务人员特有的服务基因，所有人都会为提升各环节的服务质量而努力，甚至会提前考虑各项细节工作，为客人提供周到的服务。我国的饭店企业首先应加强针对员工工匠精神和服务技能的培训，引导从业者从内心深处对工匠精神产生敬畏，将工匠服务的坚守、传承和发展真正根植于自我的价值认同和技能养成中；其次，将培育工匠精神从企业的观念层面落实到实践层面，使之达到抽象和具象的统一，例如把工匠精神写入企业价值观和愿景，制定企业内部的工匠服务标准指南，举办员工服务技能大赛，实行新员工职前宣誓等；最后，结合饭店业各部门的特性，实施服务责任化，即对酒店产品和服务实行精准的个人负责制，破解工匠精神只流于服务表象的问题，强化饭店员工的职业精神建设。

3. 打造以工匠精神为核心的人力资源体系

工匠精神与服务实践的结合，最终需要落实到从业者个人，因此饭店企业需要构建以工匠精神为导向的人力资源管理体系。第一，将鼓励工匠精神的理念融入员工的招聘、考评等环节，例如对应聘者的服务精神提出明确要求、注重对员工服务精神的考察、建立系统化的工匠培育体系等；第二，建立培养饭店工匠的激励机制，尤其是要将饭店中具有服务精神的员工树立为服务模范和典型，在给予他们精神荣誉的同时，也要提高对他们的物质鼓励与宣传，从而起到带动示范作用，让工匠精神成为服务工作中的"群像"，让消费者真切地体验到饭店行业精益求精的服务；第三，发扬传统师徒制度中的优良做法，通过有经验的老员工手把手、一对一带新员工的言传身教，促进新员工在实践中提升服务技能、培育服务意识。与此同时，鼓励跨部门的员工交流，破除饭店企业中部门与部门之间的壁垒，以丰富员工在各服务环节中的认知。

培育饭店业的工匠精神既需要厚植的行业背景与企业土壤，也需要多层次、多路径、多角度的传承与提升。总之，如果能够让精益求精、追求卓越的工匠精神成为饭店行业、饭店企业及每一位从业者共同的价值理念和行为准则，饭店业的高质量发展将是非常自然的结果。

2021.04.01

# 新时代酒店业如何留住员工？

江 静 董慧娟 关欣冉

"新时代背景下酒店如何留住员工"这一问题关乎着酒店业能否转型升级，以卓越的员工团队打造高质量服务，从而促进酒店业的高质量发展。

对于酒店这一劳动密集型的服务行业而言，员工流失率较高是普遍存在的现象，新时代背景下酒店又面临着一些新的社会压力。一方面，劳动者出于对自身安全的考虑，不愿意到酒店这种人员流动程度高的企业工作，导致酒店招工更难；另一方面，近几年新冠疫情的影响，导致酒店入住率降低，使得酒店经营风险提高，出现员工队伍不稳定、人心涣散的情况；此外，当前顾客对酒店服务、卫生和安全要求更加严格，其需求的不易满足性使得酒店业员工面临着更大的压力，容易产生负面情绪，导致酒店很难留住员工。

具体而言，造成酒店员工流失的原因主要有以下四个方面：其一，薪酬福利不理想仍然是酒店员工离职的主要原因。酒店的基本工资普遍偏低且绩效结构单一，与其他行业相差较大。例如，部分酒店员工工作内容安排不合理，且没有绩效工资或福利待遇较差，这会让员工感到付出与回报不对等，进而在工作中没有动力。其二，在工作内容方面，酒店业存在工作强度大、工作时间不固定等特点。酒店的对客服务标准要求员工时刻面带微笑，保持高度热情，控制自身情绪。同时，员工工作时间不规律，容易造成其身体及精神的双重疲劳。其三，职业前景不明朗也是导致员工流失的重要因素。酒店业内部竞争激烈，晋升希望渺茫，而员工往往无法通过足够的学习或培训锻炼自身能力，很难建立起对该行业的长期职业规划。其四，酒店业的人文关怀程度不足也易造成员工流失。现今劳动力市场年龄结构趋向年轻化，大多数年轻人认为在酒店工作社会地位较低、工作压力大，当员工在酒店内没有感受到足够的人文关怀时，就容易产生较强烈的离职意向。

因此，本文结合新时代酒店业人力资源管理的现状与相关问题研究，从酒店自身的管理角度出发，从健康守护、员工至上、灵活用工、企业文化、社会责任五大方面，提出一些建议。

## 一、重视员工健康，做好安全管理

如今人们深刻意识到健康的重要性，这不仅体现在顾客对于酒店入住标准的提高，也体现在员工对于工作场所和工作内容健康性的重视。因此，酒店在人力资源管理方面应把员工的健康需求放在首位。酒店应从员工个人健康角度出发，鼓励员工多时段打卡、错峰上班，严格要求员工做好每日健康状态的汇报工作。从客观工作条件的角度出发，酒店应定时定期对酒店各个工作场所和办公区域进行清洁打扫与病毒消杀工作。此外，对于一线的对客服务人员，酒店可灵活采取智能机器人送餐、无接触服务等措施。

## 二、遵循员工至上原则，提升员工价值

员工的工作状态与服务质量直接影响顾客体验，不稳定的情绪，极易影响员工的服务质量。因此，酒店业管理者更应该遵循"员工至上"的原则，促使员工在工作过程中充分发挥个人价值。第一，重视员工成长，强化职业技能培训。酒店业应抓住现阶段的契机，合理安排丰富多样的员工职业技能培训，一方面巩固员工的基本职业素养，为酒店服务质量做保障；另一方面提高员工的职业技能，增强员工的岗位匹配程度。第二，关注员工情绪，重视员工工作压力缓解，与员工及时沟通，定期组织开展员工心理交流活动，降低员工的各种负面情绪，弱化员工的工作—家庭压力，引导员工以各种积极的情绪面对工作和生活。第三，鼓励员工建言，在一定程度上对员工授权赋能。管理者应尊重员工的想法，例如，通过设立"员工树洞""员工驿站"等媒介，及时倾听员工反馈，包括他们对酒店经营、组织氛围、领导支持、顾客不文明行为等方面的看法和建议，让员工体会到酒店的关怀与重视。

## 三、推动灵活用工，促进员工共享

面对酒店业员工入职门槛较低、离职率高、流动性大的特征，以及酒店人力成本压力的增加，灵活用工可满足酒店业的部分需求。酒店业利用灵活用工平台寻找适合的人员弥补岗位缺口，不仅可以提高员工与岗位的匹配率，使其能够快速适应工作内容，而且较之于长期员工，灵活用工无须培训费用、无须交付"五险一金"，可以在一定程度上降低人力资源成本。此外，在酒店业市场供大于求

的背景下，各行业之间可推行员工共享，在"非直接对客服务岗"例如厨师、保洁、维修等岗位上培养"共享员工"，增强对闲置人力资源的有效利用，对于员工来说可提升个人薪资、强化专项技能，对于酒店而言也可以降低用工成本、减少人员流失。同时，酒店也需考虑员工与企业的匹配问题，尽可能使员工价值与企业总体目标相吻合，保证酒店整体的服务质量与企业形象。

## 四、塑造企业文化，培养组织自信

已有研究探讨了组织氛围、组织公平、领导支持、人文关怀等组织因素对于员工工作满意度和忠诚度的影响，以及满意度、忠诚度如何影响员工对于组织的信任和其工作意愿。因此，要想留住员工，酒店业管理者必须打造"有温度、有成效、有特色"的企业文化。"有温度"代表酒店应重视人文关怀，无论是对顾客还是对员工都应该以人为本，让员工也体验到"宾至如归"的感受，培养员工对组织的归属感；"有成效"则表示酒店的企业文化应引领酒店的健康发展，提升组织的凝聚力和工作成效，帮助员工树立对酒店业发展的信心，更要树立员工对酒店组织的信心；"有特色"则表示酒店的企业文化应有独特的品牌优势，才能在竞争中占有一定的市场地位，为组织员工提供坚实的保障。

## 五、践行社会责任，坚守人文情怀

近年来，不少酒店企业通过慈善捐助帮助困难地区等承担社会责任，对外树立了企业的良好形象，增强了自身的品牌影响力；对内也激发了员工对于企业的自豪感，增强了组织内员工的信任，在一定程度上减少了员工流失。那么对于酒店业而言，也可以利用自身优势践行社会责任，共同推动新时代社会的进步与发展。例如，酒店可以为残障人士提供更多的就业机会，鼓励其在工作岗位上提升个人能力和自信；酒店可以组织员工团队参与社会志愿活动，通过关怀留守儿童或老人、清洁垃圾保护社区环境、为道路环卫工人提供爱心餐食等方式，让员工参与其中，在关爱社会弱势群体、承担社会责任的同时增强团队凝聚力，强化员工对组织的认可度和忠诚度，从而减少员工的流失。

总之，员工是酒店生存和发展的基石，如何留住员工、稳定员工队伍，是酒店人力资源亟须解决的难题，酒店人仍需不断尝试，探索"自救之路"。

2022.02.03

# 隐居乡里的"共生式"运营模式

姜姗姗 李 彬

"三农"问题是关系国计民生的根本性问题，发展乡村民宿是乡村振兴的重要路径之一，可以带动乡村产业链条全面发展，融合种植业、养殖业、服务业、旅游业等形成综合性产业，成为乡村建设和振兴工作的重要抓手。乡村民宿的价值在于构建利益共同体平台，通过互联网平台的运营管理，盘活乡村闲置房源，转化当地闲散劳动力，营造温情化的乡村服务，让政府、企业、村民、宾客等各方主体都参与其中，回馈乡村，壮大集体经济，形成共生式的生态系统。

隐居乡里成立于2015年，是远方网旗下一个专注于高品质乡村民宿的服务平台，旨在为城市中高端消费者、中小型公司提供短途度假、聚会、团建、年会等服务。隐居乡里现有山楂小院、姥姥家、黄栌花开、桃叶谷、麻麻花的山坡、先生的院子等一系列自主品牌经营的民宿产品，共80余座院子（来自隐居乡里官网），均分布于城市周边地区。隐居乡里的每一个"民宿爆款"，均得益于它摸索出的一套"共生式"民宿运营模式，这是一种可以实现快速复制的乡村民宿发展模式。

## 一、从民宿"爆款"到乡村度假综合体

一方面城市周边的精品度假村和民宿实现大规模复制的难度较大，另一方面目前市场上很多乡村度假模式不符合城市消费人群的偏好习惯。针对这一市场空白，隐居乡里创始人陈长春基于早年创办远方网的经验，创办了隐居乡里平台，专注于农村的农宅改造以及乡村闲置资源的盘活。"山楂小院"是远方网探索乡村建设运营体系的第一个样板院。山楂小院自2015年12月试营业以来，预订不断，网上预订一度出现一房难求的火爆局面，迅速成为京郊民宿"爆款"，得到了顾客与行业的高度认可。山楂小院从2015年9月改造到12月试营业，用"大道至简"的设计理念和"30天30万元"的改造思路，通过简约精致的设计和简洁温馨的服务确立了乡村院落改造的标准。

"山楂小院"这一模式的成功运营和互联网营销平台的推广,使隐居乡里品牌以山楂小院为样板院实现快速复制,辐射北京周边地区。2015年到2018年,从北京到河北,云上石屋、姥姥家、桃叶谷和麻麻花的山坡等院子陆续改造完毕后投入运营。2019年,成都的杏花山上和五把椅子、陕西的楼房沟等新项目正在筹备当中。隐居乡里已在北京、河北、成都等城市周边地区筹建、运营管理着80多个院落,形成乡村度假综合体。

隐居乡里旗下运营的院落以"共生式"模式和"在地化"运营体系,用改造后的院落为场景,搭建原生态"活着"的乡村,让顾客体验乡村独有的烟火气,赢得消费者的青睐和市场的广泛认可。未来,隐居乡里将持续扩张,扩大院落数量规模,进军陕西、成都、贵州等市场,以精品农家乐为定位,通过互联网思维,构建网状体系,搭建共享平台,打造出一种低成本、可复制、促进乡村发展的运营模式。

## 二、基于利益共享的"共生"模式

创始人陈长春曾创立的远方网(www.likefar.com)成立于2007年9月,通过PGC(专业生产内容)模式为自助旅行者提供出游资讯。2014年,远方网开始专注于深耕周边游和乡村度假服务这一细分市场。尽管乡村度假市场需求逐步旺盛,但一方面农家乐无法满足城市顾客的需求,另一方面高端精品民宿无法实现规模化复制。针对这一痛点问题,远方网开始尝试转型,推出了隐居乡里平台,从线上转做线下,从运营内容到专注产品,设计改造农村闲置农宅,并依托互联网新媒体营销优势,建立本地化服务体系。同时,引入互联网商业模式,通过对接下沉市场实现产品复制,打造以农民为主体的乡村度假商业模式。

隐居乡里模式的核心是利益共享模型,即以农村发展为基石,以农民发展为主体,塑造乡村度假产业,形成一个互惠共生共赢的利益体系。基于利益共享模型,隐居乡里逐渐探索出一种行之有效的"共生式"运营模式。在发展第一阶段,利益主体较少,主要为企业、村集体/合作社、村民,互相配合使院子形成良性运转。在发展第二阶段,随着项目的发展,利益主体更加多元,利益体系更加开放,形成了共享共治的网状体系。

在发展第一阶段,这一模式下的合作方式为四方合作、三权分离,如图1所示。隐居乡里并不持有或租赁物业,而是和村集体/合作社直接签约,帮助农民设计方案,改造闲置农宅;民宿日常管理中引入管家,由平台提供在地化培训;平台负责营销、培训、产品设计等相关事宜。房东、管家、村集体/合作社和隐居乡里四方携手合作，采用"三权分离"的模式来解决房屋租赁问题，即所有权归村民，承包权归村集体/合作社，运营管理权归隐居乡里。相应地，民宿的盈利按照3:4:3的比例来分成，30%是合作社的流水，40%用于民宿运营管理开支，30%用于营销等开支。在这一模式下，各方优势互补，发挥所长，以互联网的方式监督运营。各方利益群体都能获得收益，不仅调动了当地村民的积极性，而且也使得这一模式便于复制和推广。

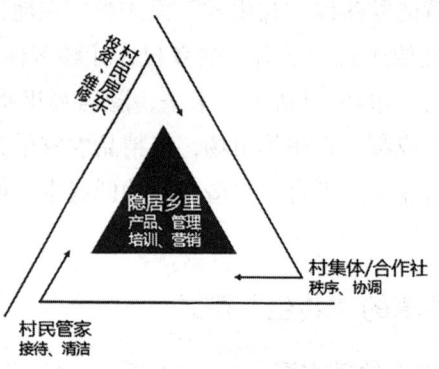

**图1 "共生式"运营模式阶段一**

资料来源：作者根据相关资料整理

在发展第二阶段，在原有利益主体的基础上，逐渐引入政府、扶贫机构、银行等金融机构，形成"村集体/合作社＋运营商＋×"的多元合作模式。通过打造一个乡村利益共同体，盘活闲置资源，让参与的各方都获利，共同助力农村经济发展，这样的模式就有了轻资产、可复制、可集群的发展特色，如图2所示。

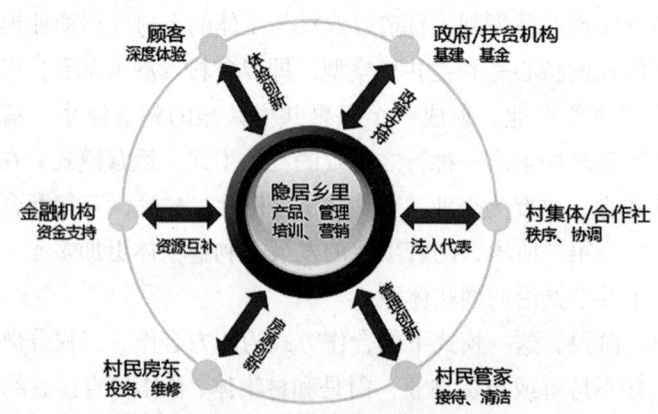

**图2 "共生式"运营模式阶段二**

资料来源：作者根据相关资料整理

这一模式的底层逻辑是共生发展的乡村利益共同体。以村集体/合作社为纽带，连接企业和村民，把农民的利益、集体的利益、企业的利益和政府的利益融入其中，合理分工，共同协作，盘活民宿开发和运营，壮大集体经济，实现乡村建设发展。具体来说，村集体/合作社集中闲置房源，做好资产管理；隐居乡里平台通过互联网营销，做好运营管理；闲散的农村劳动力通过在地化培训，参与民宿日常运营管理；政府投资或扶贫机构的扶贫款用于基础设施建设；金融机构作为天使投资人，为村集体/合作社提供资金支持。这种模式协调处理多方群体的利益，实现共生和多赢发展，为乡村发展赋能，实现价值共创。

这一模式的顶层逻辑是运营管理和资产管理相结合。首先，农村成立村集体/合作社，通过与村民建立合同或契约，把农村闲置的房源集中起来，村集体/合作社成为法人代表。其次，隐居乡里与村集体/合作社法人代表签订委托管理合同，其中包括设计合同、施工合同、运营合同、营销合同等。村民对房屋拥有所有权，村集体/合作社取得承包权，隐居乡里获得运营管理权，形成资产管理和运营管理相结合的模式。

### 三、共生模式保障体系

隐居乡里引入"管家制"管理模式。通过在地化培训，选择当地的村民来做管家，主要负责民宿的日常管理与运营，通过两个月的实践培训，让招募而来的"巧媳妇"变成民宿管家合格上岗，充分发挥主人翁意识，调动村民的积极性。通过在地化及专业化的客房、餐饮、管理等服务培训，让管家熟悉民宿的日常接待和维护，辅之以当地食材开发的火盆锅、清粥小菜打卤面，以体现乡村情怀和乡愁情结。放大、焕发村民身上的淳朴和热情，使他们成为隐居乡里小院的亮点和名片，向宾客传达温暖的乡村田园体验。

隐居乡里实行宾客入住体验监管机制。所有房源都从互联网线上预订产生，不允许村民私下接受预订，统一渠道便于民宿后期的管理和监督，通过宾客的入住体验来实现对民宿服务的监管。宾客通过官网、远方网、天猫店、微信等渠道预订并在这些分散的平台上评价民宿和服务，由平台统一收账，然后进行分账。隐居乡里根据客人的评价来实现对民宿标准的控制和对管家服务的监督，根据宾客的入住体验实行奖惩和监管机制。

总之，隐居乡里旨在打造一个乡村度假服务平台，成为乡村生活的一种承载。陈长春总结，"在具体做法上，我们坚持在地化培训村民，与各方力量共生式运营发展，合理分配收益，并严格控制成本边界，这才得以做到标准化迅速复制"。2019年,隐居乡里在成都、陕西等地的项目即将开业,年底将在河北、贵州等地落地新项目,届时度假小院将达120余家。计划2019年在北京地区发展到200个院子,未来三年内达到1000个院子,让更多的乡村沉睡资源焕发生机。"共生式"模式让隐居乡里通过轻资产运营、多方参与、共享共赢模式实现规模效应。只有因地制宜、取材于乡、取人于乡,兼顾情怀和商业逻辑的民宿,才会保持持久旺盛的生命力。

2019.09.03

# 一流企业线上培训做法对饭店企业的启示

## 段 壮 秦 宇

企业培训是促进员工能力提高的重要途径,但受限于社会环境及企业成本,对员工进行线上培训,成为越来越多酒店企业的选择。然而,培训内容陈旧、手段单一、流于形式等问题的普遍存在制约了在线培训效果的提升。本文通过分析国内一流企业线上培训的优秀做法,结合酒店企业自身特点,对如何提升酒店企业在线培训效果提出一些建议。

### 一、一流企业线上培训的优秀做法

1. 线上培训内容针对性强

腾讯推出的"腾讯大学"将线上学习内容分为"腾讯营销学院""微信学院""腾讯游戏学院"等多个模块,用户可根据自身学习喜好快速找到对应的课程。华为也将线上学习内容分为针对运营商员工、合作伙伴及针对企业客户、ICT从业人员的两种不同的学习路径,除此之外,用户可根据技术方向、行业、课程难度级别等指标选择更具有针对性的课程。部分企业将线上学习内容整合,为用户推荐多种学习路径,这种做法便于初学者对课程难度、学习时长进行预估从而选择合适的学习内容。阿里云线上培训平台"阿里云大学"为用户推出涉及云计算、大数据、人工智能等内容的多种学习路线,给用户提供了一站式学习,用户可通过阶段性的课程学习实现从零基础到熟练掌握所学技能。

2. 线上培训融入资历认证及职业规划

"阿里云大学"针对不同产品类别、用户成长阶段、生态岗位,精心打造不同的认证考试。用户完成平台课程的学习并通过认证考试后可获得资格证书。线上获得认证证明了用户在对应技术领域的专业度,能够让用户获得更多的就业机会。线上的学习认证也让企业更好地培养、挖掘专业人才。华为线上学习平台为用户提供了华为人才双选平台,为华为生态合作伙伴提供数字化人才,同时为平台用户提供就业通道，引领未来职业发展。除此之外，用户以掌握技能、获得相应的资历认证为目标，也让用户学习更具有主动性。

3. 与高校、其他学习平台合作开展线上培训

一流企业与其他平台的合作，丰富了线上用户的选择。华为与慕课（MOOC）在线学习平台合作，用户可在华为线上平台学习与华为认证技能有关的课程。一流企业与高校、行业协会的合作，提高了线上培训课程质量。美团大学美酒学院联合中国饭店协会、各省市旅游饭店业协会发布"酒店加油"计划，自2020年2月6日起，陆续推出线上免费教学视频课程，并邀请业界专家、学者开展公益直播，为广大用户提供专业培训与建议。

## 二、对酒店企业线上培训的建议

目前，国内酒店企业中员工线上培训做得较好的只占少数。酒店企业与一流企业线上培训质量仍有差距，究其原因，有以下几方面。首先，酒店企业的培训内容较为简单，多以仪容仪表、服务技能的培训为主，酒店员工难以在线上学习中有实质性的收获；其次，酒店员工的学历与一流企业员工学历存在差距，学习主动性弱；最后，酒店企业与一流企业在线上培训平台建设上投入的资金、人力比重不同，且一流企业已有较好的技术支持，利于线上培训平台的开发及功能完善。目前，线上培训成为越来越多酒店企业的选择。故提出以下建议。

1. 推出具有针对性的在线课程

酒店企业可细分线上培训课程，以此满足不同部门、不同职位员工的学习需求。酒店企业可做出以下细分：一是以部门、岗位为划分标准。不同岗位员工工作内容不同，对线上培训的需求也不同。二是以员工所处职位为划分标准。一线员工更多需要对客服务能力上的提升，因此可开展更多有关实操能力的培训。酒店高层则更重视协调能力、沟通能力、统筹能力的提升。除此之外，还应将培训内容与员工的职业发展相结合，根据员工职位等级推出对应难度的课程，为员工打造一站式线上学习平台。

2. 完善员工线上培训激励机制

员工线上培训效果欠佳的原因之一在于学习动力不足，酒店企业可通过以下方法提高员工积极性。首先，将线上培训内容完成情况纳入员工绩效考核，与其收入挂钩；其次，重视对培训效果的考核。通过考试、答题等形式对员工线上培训效果进行考核，设立及格线，不及格的员工需重复学习；最后，完善综合奖励机制，对在线学习完成效果较好的员工，除进行必要的物质奖励外，还应给予精

神奖励并可优先晋级。

3.加强和高校、其他学习平台合作，提升线上平台课程质量

酒店企业可积极与高校合作，请高校老师、行业专家参与线上授课，提高线上课程的水准。员工学习后，其专业知识及职业素养将得以提升，同时也能让酒店员工了解更前沿的行业动态。此外，高校老师可协助编辑线上测评的题目，合理制定线上测评题目类型以及试题难度。与其他平台合作，引进更多优质课程，丰富员工线上体验，满足酒店员工多层次的学习需求。

2020.03.25

# 科技赋能,助力酒店高质量发展

## 谷慧敏  孙雨佳

虽然新冠疫情使中国酒店业遭遇巨大的冲击,然而中国酒店业并没有束手无策,而是积极筹措,运用物联网、云计算、大数据和人工智能等技术投入酒店业的高质量发展中。

## 一、科技赋能酒店业的具体表现

从长远发展看,酒店整个行业会向着专业化、规模化、信息化、智能化方向转变。当前科技赋能已经显示出传统管理无法比拟的作用,为酒店业服务顾客带来了极大便利。科技赋能酒店业的具体表现有以下几个方面。

1. 物联网技术的支持

物联网技术在酒店业中的运用主要是通过以下三个方面来实现的:首先,在感知层方面通过传感器感知酒店各区域的物理环境状态,对如酒店的温度、湿度、空气清洁度、背景音乐声压、光环境模式和烟雾探测等诸多方面进行智能控制。此外,还利用 RFID(射频识别技术)实现人员身份认证和物体识别,在消费者入住登记、智能引导、门禁系统等方面提供技术支持。其次,在网络层方面提供灵活多样异构一体化的组网模式,将无线传感网、无线网络、监控和工控、语音和多媒体应用等融合进行统一管理,确保数据安全高效传输。最后,在应用层方面主要通过对感知层信息进行处理的相应软件系统和各类酒店管理系统及智能决策分析系统,实现酒店内部系统的数据采集及信息资源的整合。

2. 云计算技术的应用

一方面,云计算技术助力集团管理。数据传输的实时性与共享性让酒店管理人员可以随时随地了解当前集团以及各分店最真实的经营数据。另一方面,通过云平台办公,实现高效率运营。基于现实考虑,一些酒店领军集团及科技公司纷纷推出云平台。管理人员通过云平台进行音视频会议,实现远程办公。此外,酒店业还通过云平台组织员工线上培训，提高员工风险意识，对员工进行情绪疏导。

### 3. 大数据的运用

首先，在销售和会员管理方面，一是通过智能化的设备收集消费者数据，建立会员档案。二是基于已有的会员数据，进行各来源数据的整合，构建会员群体的精准画像，进行个性化营销。三是基于积累和挖掘的酒店业消费者档案数据，运用算法持续优化客群细分，调整产品结构，完善产品内涵，把潜在的需求显现化。其次，在收益管理方面，大数据是实现收益管理目标的基础。通过对建构的大数据进行统计与分析，酒店管理人员可以掌握酒店业潜在的市场需求、未来一段时间每个细分市场的产品销售量和产品价格走势等，并针对不同的细分市场来实行定价。最后，对酒店业进行数据统计和分析，提高服务质量。一方面，利用数据分析建立酒店流量统计系统，在该系统中及时公布酒店入住率、房价等信息，减少消费者在OTA订房和前台入住时出现客房不够、无法入住等情况。另一方面，收集消费者在店投诉的意见及消费者在互联网上发布的评论，进行科学的数据分析，开发多样化产品，提高服务质量和消费者满意度。

### 4. 人工智能的使用

人工智能的运用满足了消费者对无接触的安全感需求。一方面，人工智能运用在对客服务上。首先，消费者可通过公共空间的自助入住机自助完成预订、入住和退房等服务。其次，酒店启用服务机器人为消费者带路和运货。服务机器人不仅会带消费者到指定的楼层，将其引领至房间，还会帮助消费者配送物品。最后，酒店推出智能化餐饮和智慧客房。在餐饮方面，酒店通过建立点餐平台和取餐分区，满足了消费者对无接触的安全感需求。在客房方面，消费者通过语音客控系统，只要开口就能随心所欲地调用这些设备，或者通过手机进行全流程智能控制。另一方面，人工智能运用在后台管理上。人工智能识别预测性维修和维护，酒店运营部门需要支援只需使用App，不但可以提供位置和报修事项，还能提供照片和视频。技术部门按紧急程度，会高效提供支援，并提供多媒体资料，每一次的维修都会更新设备的大数据，从而给予设备更合理的预防保养计划。

## 二、科技赋能酒店业发展策略

当今的时代被称为网络时代和信息时代，信息技术的发展正在改变着人们的生活方式及思维方式，同时也影响着酒店业的经营和管理。时代不断前进，科技赋能对酒店业的作用会越来越大，如何更好地利用科技赋能提升消费者的消费体验并让消费者愿意继续使用酒店的智能技术成为酒店亟须解决的问题。

1. 将科技赋能纳入企业发展战略

在物联网、云计算、大数据及人工智能等新技术快速发展的时代，酒店管理者必须要认识到科技赋能对酒店未来发展的重要性和价值，并将科技赋能列为酒店的战略性发展目标。一方面，管理团队要达成共识，确立统一的目标。管理团队要充分认识到科技赋能的重要价值，将其纳入发展战略当中，制定出科学合理的发展战略，从上而下形成促进科技赋能发展的新体系。另一方面，管理团队要梳理甚至再造业务流程和模式。酒店管理团队非常重要的工作就是梳理各个管理方向和业务转型需求，通过专业基础与行业新技术的结合，制定全新的管理流程和标准。

2. 加大科技投入，为酒店赋能

一方面，依靠物联网、云计算等新技术，实现酒店个性化、人性化服务和高效管理。例如，以智能终端设备为载体，通过经营、管理、服务的数字化、智能化与网络化，减少人工开支和运营中的能源损耗，优化收益结构。另一方面，把握住市场变化特征，运用科技开发多样化产品。例如，依靠大数据技术将电商与线下场景消费相结合，推广和销售酒店客房内物品（浴袍、床品、电子设备等），运用人工智能技术提供无接触服务满足消费者对卫生安全的需求等。

3. 加强酒店业科技型人才队伍建设

近年来，以物联网、云计算、大数据、人工智能等技术为代表的新工业革命在酒店业掀起了科技赋能的浪潮。首先，坚持校企合作，培养智慧型人才。因此，院校旅游与酒店管理专业在人才培养目标方面要与饭店业发展现状对接，在课程设置中应安排物联网、大数据、云计算、人工智能等相关课程。院校还应与饭店业通力合作，为学生提供学习实践的平台，让学生在实践中获得自身能力的提高，成为人力资源开发与管理专业的智慧型人才。其次，要大胆科学地在全球范围内引入科技型中高层管理人员，用人才国际化引领酒店业国际化。最后，加强对集团业务人员的专业培训，培养员工的科技意识，提高他们的科技能力。

2020.04.22

# 第四篇

## 营销与服务

# 第四編

## 言語と現象

# 新时代消费者出游意向的转变与对策

王帅康　李朋波

新时代人们外出旅游的需求越来越强烈，根据文化和旅游部数据中心测算，国庆长假7天共接待国内游客6.18亿人次，旅游收入达4543.3亿元；携程研究院数据显示，国庆期间携程网门票预订量全面超过去年同期，同比增长达100%，创历史新高。

这些数据都反映了旅游业迅速回暖和游客迫切出行的诉求，同时需要关注的议题在于，经过新冠疫情冲击后消费者的出游意向和需求会发生何种转变？针对这些转变又该采取哪些应对措施？对这些问题的探讨，有助于旅游行业及企业更好地满足消费者需求，进而更好地促进旅游业的恢复和发展。

## 一、消费者出游意向的转变

1. 更加注重安全卫生游

目前出游人群更加关注旅途中的卫生安全问题，只有提高卫生安全意识才能更好地预防传染性疾病的传播，外出旅游面对庞大的人群，安全卫生问题更为突出。人们渴望清新的空气、干净的水和食物，所以出游前必然会考虑目的地的环境卫生是否达标、设备设施是否有安全保障及客流量是否在可控范围等与自身安全相关的问题。例如，在食品安全方面，各类餐饮店、景区、酒店等地食品集中消费量大，是很多游客担忧的食品安全问题之一，这也使食品安全卫生成为旅游活动中需要重点关注的环节。

2. 更加偏向小规模出游

当前更多消费者，尤其是情侣、家庭群体等更愿意为小规模的自驾游、私家团游和云出游买单，这些出游形式不仅拉近了家人间的距离，而且也更加安全、私密、自由，在很大程度上满足了游客出行上的个性化需求。根据携程网数据，国庆期间其平台上报名私家团的游客量同比增长达100%，该类产品的订单也超过去年同期，私家团游成为很多线上线下平台获取利润的"黑马"。此外，还出现了武汉大学"云赏樱"等新类型的线上游览活动，并受到了社会大众的欢迎和追捧。

3. 更加注重理性经济游

受经济下行压力和消费预期的影响，消费者在出游前更加注意对自身经济情况的考量，而旅游作为民众生活中频次相对较低的消费类型，很多消费者在考虑资金支出和消费选择的过程中，会选取性价比高的出游方式和目的地量力消费，甚至会大幅缩减旅游等休闲活动的支出，盲目跟风与攀比带来的旅游消费会随之减少。

4. 更加追求健康养生游

健康旅游是旅游业与健康产业融合发展的新业态，因其独特的治疗性、生态性、文化性等特征满足了消费者的深层次需求而逐渐受到很多人的追捧，越来越多的人开始将疾病预防、健康促进、自我实现等纳入旅行中，形成或继续保持健康的生活方式及习惯。由此，中医药文化旅游、森林康养、温泉康养等康养旅游类型受到了广泛的关注。国家政策支持及我国老龄化、亚健康等问题也给健康旅游的发展带来了新机遇，为新时代消费者的健康养生游提供了更加丰富的选择。

5. 更加追求绿色环保游

一段"2020年怎么了"的视频刷爆网络，视频列举了全球性新冠疫情、南极突破20摄氏度高温、扩侵至多国的东非蝗灾等灾难给全球旅游业带来的严重威胁和重大挑战，视频转发量达百万次，可以看出人们对加强生态保护的关注和思考。越来越多的社会大众开始呼吁保护野生动植物，倡导低碳出行、绿色消费，在旅行中做到不被消费主义绑架、用租赁代替购买和减少使用塑料制品等。很多游客也积极配合旅游相关部门，例如自觉执行景区垃圾分类处理、禁止观光展览野生动物等要求和规定，在旅行中践行环保理念并追求绿色环保游。

## 二、针对消费者出游意向的对策

1. 加强安全管理，推进突发事件预防常态化

政府来宣传，旅游目的地来落实。目的地景区需坚持安全为先，实行精细化管理和限量开放的整体方针对策，保障游客的出行安全。做好对游客身体状况的排查、设备设施的清洁更换和专人轮班值守等工作，并定期上交检查报告；同时完善医疗及安全措施，如在景区设置卫生诊所，给游客提供口罩、酒精、消毒液等服务；特殊旅游景点应采用预约参观的形式并需要对客流量进行提前预测，优

化旅游观光路线，分批分次观光，严防游客拥堵聚集。

2. 扩大产量，注重旅游业态小型便捷化

因自由便捷、安全私密、体验性高等特点，越来越多的消费者倾向于小规模和便捷化的旅行，例如，今年国庆期间颇受游客青睐的房车、露营以及上文提到的私家团游等。不少游客感叹房车等旅游新方式既减少了与陌生人接触的风险，也增加了旅途游玩的乐趣。旅行社、景区和经销商可以进一步增加安全性好、便捷度高、更加个性化的旅游产品供给，并注重定制化服务，提高服务的灵活性和适用性以更好地满足游客需求，同时还要抓住机会加大广告宣传力度；政府也应积极鼓励此类产品的供给，进一步拓宽旅游项目新市场。

3. 升级经营模式，推行线上旅游智能化

互联网优势巨大，线上交易与消费已是常态。为减少外出和聚集，越来越多的人选择"线上活动"，加快了企业经营模式的转变与升级。旅游企业如果要吸引更多的用户和消费者，就需要更加重视与网络平台的合作。国庆期间，很多旅游企业和目的地依赖线上平台进行数字化宣传和智能化经营，一些度假区、旅游景点除了利用出行类 App 支持在线预订外，还通过录制短视频、VLOG 等形式进行宣传推广，并推出景区"智能手环"等产品，给游客带来全新的体验。例如，敦煌莫高窟、故宫博物院等推出了"云旅游"，让很多人足不出户就能一览胜景。

4. 制定政策，注重旅游产品和服务健康化

为满足消费者需求、拓宽旅游项目，政府应把握好旅游产品和服务的健康化发展方向，同时需要大力发展健康旅游新业态。政策内容应易操作、易落地，实施差异化政策，优化重点地区的项目建设，并且政策还应能预测市场的突发事件，提高灵活性和实用性。项目开发要及时把握消费者选择健康旅游的动机，创新康养产品开发，避免因产品同质化、低质化而导致产品供给过剩，同时注重对健康旅游高素质从业人员的培养，提高个性化服务水平，对涉及医疗类的健康旅游项目需提供成熟安全的医疗服务。

分析消费者出游意向和需求的转变，有助于相关部门和企业制定合理的应对方案和策略，提高旅游企业的经营收益，促进和加快新时代下旅游业的高质量发展。

2021.01.22

# 如何让中医药健康体验生活化：
# 以知嘛健康为例

李朋波　高　静　黄子欣

2016年，国务院印发了《中医药发展战略规划纲要（2016—2030年）》，为中医药健康服务的发展提供了思路和方向；随后，《关于促进中医药传承创新发展的意见》《关于完善促进消费体制机制，进一步激发居民消费潜力的若干意见》等政策文件相继出台，为中医药健康体验发展提供了强有力的政策保障。

然而，就当前中医药健康体验的发展情况看，消费者的关注度和参与度严重不足，其核心表现就在于现有产品和服务较为传统，既不接消费市场的"地气"，也缺乏特色和创新。我们认为，对于中医药健康体验而言，通过贴近生活、唾手可得的产品和服务来吸引消费者，将是未来中医药健康发展的主阵地，也是实现其持续发展的关键路径。

在国内诸多中医药健康服务企业中，同仁堂旗下的新零售创新平台知嘛健康，一改传统大药房的形象，成为集养生茶饮、健康食疗、中医诊疗、身体检测等于一体的健康生活集合店，其发展的核心理念在于将传统中医药精华和现代健康养生结合，实现"千人千面，万人万方"的个性化健康管理，为消费者提供多场景、全方位、生活味十足的健康需求服务。

下面按照"场景—产品和服务—营销"这三个方面，对知嘛健康生活化的中医药健康服务进行介绍。

## 一、场景的生活化

随着消费者的服务要求日渐提升，众多企业越发重视发挥场景的作用，用场景来塑造独特的品牌形象和氛围，以更好地贴近和吸引消费者。不同于传统中医药店，知嘛健康在场景打造上可谓别出心裁。其一，知嘛健康的门店选址并不像大多数药店一样"毗邻医院或小区"，而是将店面分为商场店、写字楼店和社区店三种店型，根据不同场景中的主力用户群体画像，形成相应的内饰风格并提供相应的服务模块，精准满足目标群体的喜好和需求；其二，从功能布置来看，多数知嘛健康的门店都会设置"第三空间"，为消费者提供办公、社交、休闲的环境。虽然这些场景表面上与中医药的关联性不大，实际上却是将"坐在知嘛健康里喝咖啡"打造成了一种生活方式，让中医药健康服务更加贴近大众生活，提高了消费大众对传统中医药的理解能力和接受能力。

## 二、产品和服务的生活化

产品和服务是知嘛健康的立足之本，也是该品牌富有生活气息的重要体现。其一，知嘛健康将一些养生中药材融入生活必需品之中，如其大力推广的红景天椰香可可、养生大枣软欧包、罗汉果美式、丹凤冻龄膏、枸杞咖啡、熬夜水等产品，既有营养价值，也符合中国人的口感要求。例如，不少年轻消费者认为在"熬最长的夜"之前，必须喝一杯充满养生感的"中药咖啡"。这些特色鲜明的产品在帮助知嘛健康提升知名度的同时，也使其走入了消费者的日常生活。其二，除提供传统的中医问诊服务外，知嘛健康的部分门店还设置了健康诊疗功能区，可以针对不同年龄段的消费者提供定制化的亚健康解决方案，极大地满足了消费者的日常需求。其三，知嘛健康将各个门店的药房升级成了数字化智慧药房，为消费者提供了从线上下单到线下取货全程的智能化服务，提高了配送效率，也高度符合当今消费者简洁快速的消费习惯。

## 三、营销的生活化

营销的意义在于突出企业的品牌特性与个性产品，通过多种方式使消费者形成清晰的产品认知，在购买时做出快速选择。相较于高大上的宣传手段，知嘛健康采取的是生活化的营销方式，以打动目标群体心智为主要目标。具体而言，一方面，在线上营销环节，知嘛健康没有选择电视广告、媒体广告等传统方式，而是以小红书、抖音、微博等社交媒体为平台，通过与探店、美食、生活等多类型博主合作，快速提升了品牌的整体曝光度，并促进了消费者对知嘛健康系列产品的认识和"种草"。另一方面，在线下营销环节，知嘛健康积极与许多其他品牌进行跨界合作，如与舒化奶联名推出舒化无乳糖草本奶、与海信空调推出联名款饮品、与京东超市共同推出快闪年货店等，既打破了消费者对于中医药的传统认知，又制造了一定的话题，带动了知嘛健康生活化形象的发展。

## 四、结语

知嘛健康作为中医药健康服务的提供者,实现了让"中"味更浓厚,"医"味更容易接受,也为传统中医药在当今时代的再发展树立了一个很好的榜样。拥抱和赢得更多的消费力量,已经成为中医药健康服务的必然选择,中医药健康产品和服务需要更接普通人的地气,更好地融入大众生活,真正让大家了解、认可和传播优秀的中医药文化。

2022.01.31

# 将健康理念融入酒店产品与服务

李朋波　黄艳艳　周　莹

当前,在消费者对品质诉求越来越高的背景下,如何实现酒店产品和服务品质的不断升级,成为摆在酒店企业面前的一个重要议题。首先,随着物质生活的不断丰富,消费者从之前"住得好、吃得好"转向了对"住得健康、吃得健康"的追求,健康理念引领着人们的消费选择,并体现到生活的方方面面;其次,随着"健康中国"战略的不断推进,大健康产业发展迅猛,健康与旅游、酒店等产业的融合发展成为一种趋势,健康产业的不断细化为酒店产品和服务品质的升级提供了条件;最后,酒店行业竞争日趋激烈,品质作为酒店企业的核心竞争力,推动着越来越多的酒店更加注重健康主题,致力于为消费者提供更加健康的产品和服务。

健康理念在酒店落地实非易事,如何实现健康理念与酒店产品和服务的融合是一个难题。针对如何以健康理念促进酒店产品与服务品质升级,笔者提出以下观点。

## 一、打造健康的酒店生活方式

根据国际卫生组织对健康组成要素的分析,生活方式会对个人健康带来60%的影响,酒店通常被认为是很多新型生活方式的塑造空间,在酒店打造健康化的生活方式能够给消费者带来全新的健康体验和效果。

笔者认为,酒店在打造健康生活方式时,首先,不能只专注于几个生活片段,而应充分挖掘健康生活方式所包含的各个要素,在此基础上设计出酒店健康生活的全流程方案。其次,在以上方案的基础上,针对不同的消费者,或是根据消费者的健康状况,制定个性化的健康生活方式套餐,为客人量身定制健康生活计划。例如,泰国齐瓦颂养生度假村为顾客设计的健康疗愈计划,就包含饮食、睡眠、SPA、健康课程等内容,从各个方面打造客人在酒店入住期间的健康生活。

最后，在打造健康生活方式的过程中，应选取几个环节，将之做出特色。如以饮食为例，一方面，"吃什么""怎么吃"与个体的健康息息相关；另一方面，餐饮也是最容易形成特色的环节之一。在这方面，已有一些健康养生酒店有了成功的实践。例如，印度阿南达养生度假村依据客人的身体特质定制个性化菜单，东阿阿胶养生酒店为客人提供鲜美且营养价值高的驴肉膳食，云南心景康养酒店提供搭配定制营养套餐等。

## 二、配置健康的酒店硬件设施

酒店要高度重视硬件及服务设施的健康性，切实从顾客的实际需求出发，结合酒店自身的优势，配置健康化的酒店设施。可从以下三个方面进行配置：第一，配备健康监测，改善必要的设施设备。对人体健康状态进行检测、控制和改善，需要借助专业的设施、设备，酒店也需要配置相应的健康养生设施。坐落在河北省石家庄市的以岭健康城凯旋门大酒店就配备了齐全的养生设施，包括健康睡眠监测、保健梳、按摩锤、足疗脚垫等，客房内还配有药枕、香薰等，帮助客人提高睡眠质量。第二，打造健康客房。客房是客人在酒店内停留时间最长的区域，客房环境影响着客人的健康状况，很多酒店对此给予了高度重视。例如，恒大酒店推出的"健康客房"，就可以快速有效降低室内的PM2.5浓度，为客人打造洁净、恒温、恒湿的优质客房环境，"无霾"服务也成为恒大酒店的健康新标识。第三，创建健康的酒店环境。印度的健康哲学强调人与自然之间的平衡，自然能够赋予人类健康的躯体和心灵。坐落在喜马拉雅山麓的印度阿南达养生度假村，就巧妙地把78间客房嵌入郁郁葱葱的山麓之中，让入住客人置身于大自然之中，与大自然融为一体。

## 三、设计健康的酒店服务项目

酒店健康化不仅包括有形产品的健康化，更要重视无形产品即服务的健康化。深化酒店服务的健康化，可从设计健康化的服务项目入手。首先，可以向客人传授健康理念，引起客人对于健康的重视，传播与健康相关的知识。印度阿南达度假村会定期邀请健康大师，为住店客人讲解酒店的健康理念和印度健康哲学。其次，可以考虑开设养生类基础服务项目，主要目的是通过这些基础服务项目帮助客人养成健康的生活习惯。在云南心景康养酒店，每天早晨都会有专业的教练带领客人习练八段锦等健康操，为客人开启充满活力的一天。最后，可以提供定制化的健康服务项目，在定制化的过程中，让酒店更加了解客人的个性化需求，提供定制化的健康服务，进而建立良好的客户关系，有针对性地满足客人的健康生活需求。

**四、营造浓厚的健康养生文化**

健康分为身体健康和精神健康，身体上的健康可以借助外部力量加以调整和改善，而精神上的健康则需要专业人士的引导。酒店在培育健康养生文化的过程中，要注意以下两点：第一，掌握养生文化的内涵。对酒店及其经营者而言，要对养生文化类型有清晰的认识，准确找到适合自身发展的养生主题文化。第二，明确文化定位。酒店要对自身有明确的定位，在传承和延续养生文化的过程中，结合自身特性进行文化塑造或创新。例如，位于河北廊坊市的新绎七修酒店致力于打造"七修文化"健康酒店，展现深厚的传统养生文化与先进的健康生活方式，多方面营造七修酒店的主题养生文化氛围，成为国内健康主题文化酒店的成功案例。

2020.07.13

# 如何让投诉创造价值？酒店投诉管理的几点建议

## 江 静 元 圆 吕一娜

酒店是包罗万象的，每天要接待形形色色的客人，发生的问题也是五花八门。因此，酒店在经营过程中，不可避免地会接收到来自客人的投诉。当顾客发现酒店设施或酒店提供的服务存在问题时，会表现出不开心、沮丧，甚至不满和恼怒，这些情绪通常以口头或书面形式向酒店传达。

因此，酒店如何有效应对顾客投诉显得至关重要。一方面，及时、适当地处理顾客投诉可以及时止损，修复与顾客的关系；另一方面，妥善处理投诉可以防止事态恶化，维护酒店形象。

## 一、酒店投诉管理的意义

### 1. 避免影响酒店整体满意度

当投诉出现时，酒店面临危机。处理得当，就会转危为安；处理不当，就会影响到顾客对酒店的整体满意度，带来一系列连锁反应。知错能改，善莫大焉，当投诉处理结果超过顾客预期时，顾客对酒店的满意度会修复甚至显著上升。但如果酒店没有重视顾客投诉，那么顾客会对酒店持不理解、苛刻、挑剔的态度。

### 2. 避免影响顾客忠诚度

当顾客进行投诉时，表明他已经对酒店出现信任危机，而投诉管理可以起到补救作用。如果投诉得到合理解决，信任裂缝就会被修复，这种事发后的"高效沟通"会强化酒店与顾客之间的联系，有效维持顾客忠诚度。相反，如果酒店放弃补救机会，很可能会永远失去该顾客，同时也失去该顾客的私域流量。

### 3. 避免影响顾客向他人推荐酒店的意愿

顾客向他人推荐酒店的方式主要有两种：一种是口口相传，另一种是网络传播。一方面，顾客会通过向亲朋好友及周边人吐槽的方式来表达自己的不满，有时难免会夸大问题、丑化酒店，从而影响他人入住意愿。另一方面，在人人都是自媒体的时代，好事坏事都能传千里。如果投诉未得到妥善处理，顾客会进行网络差评，通过图文并茂的方式讲述自己在该酒店的"不幸遭遇"，以此来达到不推荐他人入住该酒店的目的。

## 二、建立成熟完善的投诉管理程序

酒店要想建立成熟完善的投诉管理程序，就要在投诉受理、投诉处理、投诉反馈三个环节下功夫。

1. 投诉受理

投诉受理要做到接收及时、控制事态蔓延、弄清来龙去脉。

（1）明确顾客诉求。员工在询问过程中，要做到多观察、少反驳、多倾听、少解释，全面了解顾客投诉的原因，明晰顾客的诉求偏向，以便接下来进行有针对性的处理。

（2）先安抚情绪，后受理。员工要先稳定顾客情绪，诚恳道歉，以减少顾客的敌意，防止顾客意气用事造成不可逆的后果。在顾客情绪平静之后，通过真诚发问快速了解详情，对于确是酒店方过错的，应当主动、适当承诺担责。

（3）明确投诉归属问题。投诉受理中要解决的一个重要问题就是"谁来为顾客解决该问题"。如果是常规性问题，在员工能力范围之内，受理投诉的员工可以直接进行解决。如果是非常规性问题，超出员工能力范围，员工应首先告知顾客自己不能解决，会请上级主管来解决；员工要主动向上级主管说明投诉情况，并且在后续要注意追踪，直到问题得到解决。总之，无论是常规性问题还是非常规性问题，整个处理过程都要做到"事事有着落，件件有回应"，要避免出现"踢皮球"现象。

2. 投诉处理

投诉处理坚持的原则是不与客人争是非，并且合理控制顾客期望，不要做出过度承诺，防止因后期无法兑现承诺而造成二次信任危机。具体处理办法视情况而定：

（1）无须咨询上级，直接解决。如果顾客投诉的问题属于常规性问题，有章可循，且对顾客进行的补偿在员工权限内，那么员工可以直接为顾客解决问题。

（2）适当寻求上级指导，但要及时转达结果。如果顾客投诉的问题属于非常规性问题，已经超出员工的处理能力和补偿权限，那么员工应将问题交接给上级或征询上级意见，但员工作为顾客的第一负责人，仍应及时将处理动态和结果传达给顾客。

（3）由专门的投诉处理部门负责。这种情况针对的是酒店单独开辟了投诉处理部门，当投诉发生时，直接由该部门介入进行解决。但是对接一个部门往往会给顾客带来不便，所以当投诉问题简单、易处理时，尽量由一线员工或领导直接处理。当投诉问题非常复杂棘手、对酒店声誉影响较大时，可以转由该部门进行解决。

3. 投诉反馈

投诉处理的结果应及时告知顾客，与顾客达成和解。投诉处理方法一般包括金钱补偿、更换或赔偿、官方道歉。当问题解决完毕后，应将投诉问题、解决方法、顾客意见反馈等信息整理归档，以供其他员工学习。

### 三、提升一线员工处理投诉的能力

提升酒店投诉管理水平的关键是提升一线员工处理投诉的能力。

一线员工与顾客互动最多、最了解顾客，是问题发生后顾客第一时间寻求帮助的对象。酒店可以通过培训来提高一线员工处理投诉的能力，培训内容包括以下几个方面。

1. 对待投诉的态度

态度决定行动。培训中的首要内容就是让员工正确认识投诉，积极应对，避免人为给顾客贴负面标签，扭转员工对于顾客投诉就是难缠、挑事、找碴儿的刻板印象。

2. 必要的知识技能

投诉处理考验的是员工的"双商"。员工既要有安抚顾客情绪的"情商"，又要有解决顾客问题的"智商"。在培训中应传授员工常规问题的解决流程、方法以及面对非常规问题时与上级交接、后续追踪的流程和方法。另外，可以教授员工"察言观色"的具体技巧、安抚顾客情绪的相关话术、与顾客沟通的语气等。

3. 授权

授权可以为一线员工解决顾客投诉提供前提条件和支持。所谓"巧妇难为无米之炊"，员工有一定的权限，才能及时为顾客解决问题。同时，授权可以让员工感受到上级主管的信任和支持，愿意主动发挥才智去解决问题，而不是机械等待上级，白白错过最佳处理时机。

4.总结与反馈

总结是为了更好地进步。员工应学会总结、反馈，在处理完投诉后应及时征询顾客意见，了解顾客对处理结果的满意程度。同时，员工应进行梳理、总结，以书面或口头形式向上级主管进行反馈。在此过程中，既要找出解决办法的亮点，以供其他员工学习，又要找出不足，想出优化方法，以便更好地应对下一次投诉。

## 四、结论

酒店投诉处理的方法千千万，但是核心无外乎及时受理、共情处理、反馈提升、全程负责，最终目的是保证顾客的良好体验，提升顾客的满意度、忠诚度，最终为酒店赢得好的口碑与品牌影响力。

2022.01.28

# "冰墩墩"火了，酒店吉祥物何去何从？

张 超　李睿妍　杨佳银

第 24 届冬（残）奥会的吉祥物"冰墩墩""雪容融"以势不可当的魅力迅速走红，俘获大众的青睐，同时带来广泛的商业价值。酒店行业中的品牌吉祥物早已有之，但深入人心的吉祥物形象寥寥无几，酒店品牌能否从"吉祥物经济"中挖掘出值得借鉴的营销思路，打造属于自己的"冰墩墩"，加速品牌传播，提升品牌价值？

## 一、"吉祥物经济"异军突起且屡获成功

在众多动漫影视作品、主题乐园以及重大体育赛事中，玩偶、吉祥物爆火出圈的现象并不少见。早期的日本熊本县推出的吉祥物"熊本熊"走向世界，活泼灵动的"玲娜贝尔"、憨态可掬的"冰墩墩"接连成为"顶流"。为什么现在的吉祥物会受到如此狂热的追捧，是什么引发了其背后的"吉祥物经济"？

首先，年轻群体的审美在"萌文化"的流行下奉行"颜值即正义"。吉祥物形象设计上将可爱贯彻到底，以各种萌宠形象让人产生亲切感，比如冰墩墩的原型是熊猫，玲娜贝尔的原型是狐狸，具有辨识度的吉祥物兼具萌宠的效果。其次，吉祥物承载着各自的角色意义和文化内涵。冰墩墩通过"冰雪"与"熊猫"的结合，建立起大众与此届冬奥会之间的情感纽带，满足人们的情感需求。最后，在互联网技术的加持下，吉祥物的多渠道营销引发了大众的广泛参与，使得吉祥物的影响广度不断扩大。

因此，成功的吉祥物在促进产品或服务品牌认知度和美誉度提升的同时，其衍生产品带来的经济价值也日益凸显。公开资料显示，2020 年日本吉祥物熊本熊的产品销售额达到 1698 亿日元；（第 24 届）冬奥会开幕式当天，官方特许商品旗舰店单日销售额突破新高，达到近 300 万元。这足以看出"吉祥物经济"具有的巨大潜力。

## 二、酒店吉祥物初见尝试却不温不火

通过打造吉祥物形象传递品牌价值的现象在酒店业已有先例。丽思卡尔顿的"金发狮子"吉祥物与品牌LOGO相呼应，象征财富与风范；锦江旗下麓枫酒店（丽枫酒店）推出名叫"麓小懒"的考拉造型吉祥物，凸显酒店的"懒自在文化"；万达酒店及度假村则将《山海经》中记载的上古神兽萌宠化，用当代艺术诠释古代经典，塑造出MoMo吉祥物，激发传统文化的商业价值。

为了充分发挥吉祥物的功能，酒店在吉祥物营销传播方面也做出了一些尝试。麓枫酒店进行跨界合作，紧跟年轻人的喜好，与年轻的新兴插画师合作，打造十二星座IP形象，同时推出十二星座吉祥物主题客房，赋能消费者，探索酒店的跨界多元化体验。万达酒店将传统文化与智能技术结合，在吉祥物玩偶MoMo之外还设计出可以进行语音交互的吉祥物机器人，这种机器人在实现送餐等一些基础功能之外还会讲述自己的故事、倡导"光盘行动"等，将传统文化融入酒店服务中。

然而，酒店吉祥物在为大众所熟知和传播的过程中一直温而不火，原因如下：

主题内涵模糊。酒店吉祥物在设计时内涵表达浮于表面，与酒店品牌主题链接不够清晰，无法与酒店联系起来，在体现酒店的品牌文化与内涵这一点上解释力度欠缺，导致消费者对品牌认知度不够。

情感属性匮乏。现有的酒店品牌吉祥物努力塑造萌宠外形，迎合受众审美，但在应用上仍处于一般玩偶层面，未考虑到年轻群体的精神需求，情感上与消费者是割裂的，温暖亲切度不够，因而无法与顾客产生共鸣，建立"情感链接"。

传播渠道狭窄。经常活跃在大众视野才有机会进入大众心里，酒店吉祥物作为虚拟形象出现，在形象宣传方面完全依靠运营团队，但在以线下场景为主要沟通渠道的情况下，酒店吉祥物很难深入人心，很难融入顾客的生活和工作中。

商业模式单一。目前来看，酒店吉祥物的衍生产品并未形成一种成熟的商业模式，尚未发挥吉祥物背后的经济商业价值。即便在衍生产品上有所作为的酒店，其产品也仅局限于主题客房、抱枕等，酒店利用吉祥物产生创新收入的产业链和盈利模式还有待挖掘。

### 三、酒店吉祥物如何深入人心

1. 明确主题内涵

在形象各异的酒店吉祥物中,熊的形象被频繁使用,这就导致宾客在看到这一造型时很难产生明确的品牌联想,吉祥物的功能也就得不到充分发挥。反之,"冰墩墩"的熊猫形象是中国的名片,冰外壳容易让人联想到"冰雪""科技",其面部的五色圆则很容易让人联想到奥运。因此,酒店在设计吉祥物时应该考虑到吉祥物的高辨识度以及其与品牌文化所能建立的连接,丰富产品的内容,充分发挥吉祥物在传播品牌文化方面的功能。

2. 建立情感认同

在消费者决策行为中,不仅有理性客观因素发挥作用,非理性因素也扮演着重要角色。吉祥物玲娜贝尔先是以其可爱的形象为大众所关注,后又因其善良、温暖的性格圈粉无数,获得了大众认可。酒店品牌可以结合受众群体的审美和需求,提升吉祥物的社交属性,以拟人化的方式,在展现品牌形象的同时,满足消费者特殊的情感需求。

3. 拓宽传播渠道

酒店可以借鉴和学习高知名度的吉祥物营销套路,线下与线上营销结合。例如,作为熊本县吉祥物的熊本熊,通过被任命为熊本县的临时公务员、丢失腮红等系列事件营销实现了线下的成功营销,又通过社交账号动态实时更新的线上互动获得了长久的生命力。酒店可借鉴熊本熊的营销思路,给予吉祥物一定的身份,灵活运用小红书、抖音等平台,通过自媒体与社交媒体共同赋予吉祥物生命力,增加其"曝光度",从而完成吉祥物形象的塑造。

4. 挖掘商业价值

完善吉祥物产业链是酒店实现"吉祥物经济"的一种思路,迪士尼的做法值得借鉴。迪士尼通过影视动漫先建立消费者认知,结合线下互动及其相关衍生产品的创新如图书、包装元素、同款物品、跨界联名等,打破了传统单一的玩偶吉祥物产品模式。因此,酒店可以借鉴迪士尼的做法,同时打通幕后开发和前端销售的纵向链条,在实现其商业价值的同时延长吉祥物的生命周期。与此同时,吉祥物作为酒店的品牌资产,在品牌保护运营方面也需要予以进一步规范。

### 四、结语

"冰墩墩"的成功再一次印证了吉祥物所拥有的潜在市场,并预示着吉祥物经济所能带来的巨大商业价值。Z世代消费群体和新媒体的快速发展助力了"吉祥物经济"的崛起，未来酒店业可以从中汲取思路，通过吉祥物打造酒店品牌形象，带动衍生产品和服务的设计和开发，实现酒店品牌的有效传播，提升酒店品牌资产价值。

2022.03.13

# 精品酒店如何做到价格亲民

## ——德国Motel One酒店的启示

### 王丹丹 秦 宇

近年来，随着消费需求升级，酒店消费者越来越讲求酒店的设计感和个性，传统酒店刻板的建筑、装修和硬件风格已经不能很好地满足消费者的需求。国内酒店市场中涌现出瑰丽、Chao、瑜舍等强调设计和生活方式的酒店，业内一般称它们为精品酒店。但是一提到精品酒店，人们首先想到的是高高在上的价格，似乎精品酒店是远离普通老百姓的。同时，大众市场中的供应商似乎也没有考虑过要提供有设计感但平价的酒店，例如华住创始人季琦先生为其中端品牌全季提出的核心理念就是"没有惊喜、没有特色、没有设计"。从目前的消费发展趋势看，追求时尚但预算有限的年轻顾客更希望选择有特色、有设计但支付得起的酒店而非传统标准化酒店，但是前述分析表明设计和价格亲民似乎不可兼得。是否果真如此呢？德国一家精品酒店的做法值得我们思考、借鉴。

成立于2000年的Motel One（一号汽车旅馆）是一个精品经济型酒店品牌，隶属于德国Motel One Group（一号汽车旅馆集团），其前身是Astron Hotels（阿斯特朗酒店）公司。Motel One自2000年成立以来，规模稳步扩张。至2018年，Motel One已在9个国家经营超过71家酒店和20 160间客房。平均每间可供出租客房收入由2011年的73欧元，增长至2018年的95欧元，酒店5次被评为德国最佳经济型酒店，在德国经济型酒店领域发挥了先锋作用。其口号"Like the price. Love the design"（喜爱价格，享受设计）更明确了该公司的定位——低成本设计型酒店。那么，Motel One是如何做到兼顾质量和成本的呢？

Motel One定位为一家低成本设计型酒店，努力寻求质量与成本的平衡点。首先，酒店针对顾客核心产品需求做加法。深入了解酒店用户画像后，紧扣目标消费者核心需求，选取极佳位置，进行原创设计，提供高质量产品。其次，酒店针对顾客核心服务需求做加法。通过周到服务，突出"精致"概念。最后，针对顾客非核心需求做减法。从客房入手，缩减设施和用品，并通过较高的空间利用率来减少客房面积；从餐厅入手，提供超高性价比早餐，旨在通过节流，做到价格亲民。以下我们从五个方面介绍 Motel One 的具体做法。

## 一、极佳的位置

开业最初的几年，Motel One 的酒店虽然位于大城市，但不在市中心位置。2004 年，Motel One 管理层调整战略，集中精力在大城市的中心位置以及交通枢纽地带开设新的酒店，这些酒店位置都非常好，例如位于维也纳的一家 Motel One 就建在一个交通繁忙的火车站旁边。类似的酒店还有很多，华沙的 Motel One 位于维斯图拉河以南的黄金地段，这座城市的世界遗产皇家城堡、地标性建筑文理宫，均与酒店仅一步之遥。位于格拉斯哥的 Motel One 酒店，紧邻格拉斯哥中央车站，不仅公共交通便利，也是探索现代艺术画廊、城市会议厅和格拉斯哥大教堂等景点的理想住处。

## 二、原创的设计

客房设计感强。Motel One 始终坚持"大设计、小价钱"（Great Design for little Money）的理念，在经济型酒店领域开创了精品酒店的潮流。酒店除提供高质量的软件和硬件服务设施外，还加入很多原创性设计，例如阿尔内·雅各布森（Arne Jacobsen）设计的青绿色椭圆形椅子，阿基利·卡斯蒂利奥尼（Achille Castiglioni）设计的灯具等。酒店始终使用棕色和绿松石色作为企业标识。设计师将这些原创产品与酒店的很多现代元素如真皮扶手椅和天然石头装饰的石墙等相互融合，体现了浓浓的设计感。

公区主题独特。公区的设计极大提升了其空间利用率。酒店在公共空间中设计了 24 小时开放并免费上网的"One Lounge"（一号休息空间），这是一个将大堂、早餐厅和酒吧结合在一起的公共空间。每家酒店都有独特的设计主题，而且主题设计重视与当地环境、艺术家和工匠相结合。例如，科隆怀德 Motel One 的主题是"古龙水"，伦敦塔山 Motel One 以英国皇冠珠宝为主题，德累斯顿 Motel One 的主题是"Zwinger"，即德国茨温格尔宫。

## 三、高质量的产品

Motel One 的每个酒店都提供了大量经典的名牌产品，以苏黎世开设的第一家 Motel One 酒店为例。在客房方面，该酒店有高品质的双层床、舒适皮椅、天鹅绒窗帘、面盆、恭桶和淋浴等设施；在大堂方面，该酒店有意大利奢侈品牌巴克斯特（Baxter）提供的皮革家具、汤姆狄克逊（Tom Dixon）设计的毡灯和金色窗帘；在酒廊方面，该酒店与瑞士麦克斯巧克力店（Max Chocolatier）独家合作，精心设计巧克力主题活动，并提供独家特制的手工巧克力，酒廊还有各种各样的优质白酒、葡萄酒和啤酒，甚至还提供至少 40 种顶级杜松子酒的独家菜单。Motel One 酒店随处可见的高质量产品，为酒店带来了源源不断的顾客。

### 四、周到的服务和领先的理念

提升员工服务意识。Motel One 对于服务和品质一直非常重视，追求低成本的同时，兼顾了高质量服务。以 Booking.com（缤客网）的顾客点评为例，多数顾客提到在这里既能省钱又能体验到一流的服务，饭店员工热情友好，尽量满足顾客的各种需求。Motel One 还为员工提供各种培训机会。从经理到员工，酒店为每名员工提供有针对性的培训计划，提升员工的服务意识和能力。

打造绿色消费场所。随着消费者对绿色、健康消费的需求越来越多，Motel One 积极迎合当下消费者需求，成为一家内部全面禁止吸烟的饭店。顾客若被发现在酒店中吸烟，将要承担酒店祛除烟味的所有开支，最少 50 欧元。酒店旨在为顾客打造健康、绿色的消费场所，提升客户体验。

### 五、实惠的价格

缩减设施和用品。Motel One 为客人提供平均 16 平方米的房间。由于客房面积较小，为顾客提供的设施设备和物品较为有限，在 Motel One 的房间内，没有壁橱、迷你吧，也没有浴缸、面巾纸、闹钟、保险箱、笔、电话等。为了节约易耗品的消耗，该饭店甚至不提供洗手液，只提供多用途的沐浴液、洗发水。虽然 Motel One 房间内没有多大的空间可供放置东西，也没有太多可供顾客享受的设施，但是顾客在停留期间所需要的基本服务和物品都有。为了方便顾客，饭店房间还配备了一个小写字台和一个凳子，正对着客床的墙上挂了一个平板电视。如果顾客不是整天待在房间里，这个品牌所提供的住宿体验是一流的。

提高空间利用率。为了降低经营成本，发挥有限空间的价值最大化对酒店来说至关重要。Motel One 强烈的设计感，极大提升了酒店的空间利用率。客房有限的空间，使得酒店不可能设计内置的衣橱，但是把全尺寸的落地镜与挂衣服的架子组合在一起，既节省了空间，又为顾客提供了便利。设计师精心设计的干湿分离卫生间，节省了浴室的空间，让浴室显得不再拥挤。

早餐性价比超高。虽然早餐没有包含在房价内，但是只售 7.5 欧元。所有的 Motel One 饭店都提供现烤面包等新鲜的城市有机自助早餐，也提供当地产品和特色菜。例如，在伦敦品尝英国热粥，在巴塞尔和苏黎世品尝美味的奶油蛋卷，品种非常丰盛。Motel One 饭店的早餐无疑是超低价格和超高品质的结合。

上述分析表明，高高在上的精品酒店放低姿态，做到既有设计、价格又亲民，并非不可能。作为低成本、大设计的酒店品牌，Motel One 之所以赢得优质口碑，离不开其对顾客核心产品、服务需求做加法和对非核心空间、设施需求做减法的高明做法。通过认真分析需求和供给，酒店从业者可以在形式、功能、质量和价格等要素的取舍中寻找到合适的平衡点，提供亲民的精品酒店产品。普通大众也有对美的追求，家居品牌宜家提出"为大众设计"（Design for everyone）的理念，恰与 Motel One 的理念相同。我们希望国内也涌现出类似 Motel One 的酒店企业，为大众住宿者提供支付得起的设计。

2019.11.07

# 多巴胺：美食旅游的快感来源

张莹莹　雷　铭

俗语有云：民以食为天。旅游情境下，食作为六要素之首，足以说明其重要性。在对旅游者行为进行分析时，发现美食已从食住行游购娱六要素之一转变成了出游的重要驱动力之一。世界美食旅游协会2020年数据显示，以寻味当地特色的菜肴饮品为目的的旅游成了主流趋势，人们对与美食相关的活动和体验也越来越感兴趣。早在2016年，研究人员便指出美食是影响目的地选择的因素之一，会对每个旅游者的体验产生或多或少的影响。

美食旅游诞生后发展迅速，以2002年首届"美食与旅游国际会议"为标志，美食旅游成为旅游学、消费者行为学、社会学等领域的研究热点。相关研究主要涉及美食旅游目的地开发、美食旅游动机，以及旅游者对美食旅游的价值感知、满意度、行为意象等方面。以往学术界主要基于两个视角解释美食旅游者的旅游动机：一个动机是强调外部要素对旅游者的"拉力"，主要表现在美食文化资源是旅游目的地特有的资源要素；另一个动机是强调内部要素对旅游者的推力，主要是由旅游者内在需要激发的旅游动机，包括旅游者的旅游需要、旅游体验、旅游动机、旅游偏好。

从旅游学的角度，研究人员将美食旅游定义为以美食旅游资源为依托、以美食为主题、以旅游为载体的具有社会和休闲等属性的旅游方式，最大特点是"为食而游"。从消费者行为学的角度，研究人员将美食旅游定义为：旅游者在一个拥有独特美食的地区进行的旅游体验，其娱乐目的包括参观主要或次要食品生产商、农村市场，参与美食交易活动、烹饪活动和高质量品尝活动，以及任何与美食相关的活动。因此，美食旅游既是旅游业的子业态，也是餐饮业的子业态。

随着科学技术发展和多学科交叉融合，学者们开始探索让人们产生美食旅游行为的神经内分泌机制。你是否有过这样的感觉，某个周末你去森林公园散步，发现自己整个人的状态很放松，很悠闲；而在城市公园散步不会出现这种感觉。为什么会出现这种差异呢？以往研究表明，在森林公园散步会显著降低人们的尿多巴胺水平，从而使得个体产生生理和心理上的放松效应。同时，临床研究发现，相比于注射安慰剂，注射增强多巴胺功能药物后个体对旅游目的地的快乐预期会增加。这启示旅游咨询机构可以为顾客提供柑橘类水果、巧克力以及碳酸饮料等富含酪氨酸的美食，提升多巴胺水平，从而提高他们的快乐预期和旅游意愿。

想象一下，桌子上有块巧克力蛋糕，你的第一反应是先注意到蛋糕的存在，其次才会判断蛋糕的熟悉性、美味性、偏好性等，从而决定是否吃掉它。如果换成榴梿蛋糕呢？大脑的认知路径也大致相同。即人类在摄入美食后多巴胺的释放是即时的或者是延迟的，即时的多巴胺反应作用于专门的感觉整合路径，感知到美食的存在；延迟的多巴胺反应则作用于高级认知中心，判断美食的相关属性，从而做出选择。相比于喝不加糖的奶茶，喝全糖的奶茶会更加快乐，这是因为随着蔗糖浓度的增加，多巴胺释放水平会上升。

当去动物园喂食时，会发现猴子偏爱大量果汁，其次是大量香蕉，再次是少量果汁，最后才是少量香蕉。这表明美食种类对多巴胺反应没有显著的影响，但是美食价值会对多巴胺反应有显著的影响，即针对高价值的美食时多巴胺水平高，针对低价值的美食时多巴胺水平低。因此，旅游目的地应为旅游者提供高价值的美食，增强美食对旅游者的吸引力。

总体而言，基于多巴胺角度的美食研究已经相对比较成熟，从短时食物刺激和长时食物成瘾两个角度说明摄入食物会引起人类多巴胺水平的改变；从种类、效价、熟悉度等食物特性角度说明摄入食物会引起动物多巴胺水平的改变。基于多巴胺角度的旅游研究正处于探索阶段，我们认为未来可以从以下几个方面对这一话题开展进一步的研究。

1. 加强美食旅游与其他学科之间的交流和互动

交叉学科领域的研究探索是未来各领域研究的主流方向之一。例如利用神经科学方法研究消费者行为所衍生出来的神经营销学，从美学的角度研究旅游资源所衍生出来的旅游美学。李承哲等人首次基于生物学、遗传学的视角表明了多巴胺基因与旅游动机和旅游次数间存在相关性，这为美食旅游与生物学相结合开发新的研究领域提供了可能性。

2. 细化美食旅游刺激材料

随着科学技术的迅速发展，小红书、微博、抖音等自媒体平台上的旅游短视频和旅游直播逐渐受到大众的欢迎。未来可研究美食旅游营销呈现方式的不同

（短视频、直播 VS 图片）对于潜在旅游者多巴胺的影响是否有差异，以及对其行为的影响。此外，在旅游中，旅游者很少只简单地摄入一种美食，通常食用的美食会涉及两种以上，那么摄入的美食种类是单独影响多巴胺还是会产生交互影响？怎样将具有不同属性的美食联系起来进行加工？这些都有待进一步的研究。

3. 深化多巴胺引发的旅游者行为的研究

以往关于多巴胺视角的美食旅游刺激对消费者行为的影响包括两类，一类是认知，包括对旅游目的地的快乐预期、旅游意愿、旅游动机；另一类是消费行为，包括旅游次数。那么在美食旅游的刺激下，消费者多巴胺水平的改变是否会影响他们其他的认知和行为呢？例如，感知等待时间、满意度、愿意支付的价格、美食选择行为等。

4. 拓展美食旅游的研究对象

人口结构是影响中国当前和未来经济社会发展的一个重要因素，因而渗透到社会科学研究的各个领域中。就旅游领域来看，将其发展问题与人口结构相结合进行探讨，在人口结构变化的趋势下具有愈发重要的理论与现实意义。Grimm 等总结了对旅游业各方面产生重要影响的人口结构和特征，包括年龄、性别、家庭收入、家庭成员等。因此，未来研究可以从人口结构的角度扩展关于美食旅游的边界机制；也可以聚焦于共性群体深度发掘行为特征，精准把握美食旅游细分市场。

2021.12.2

# 风险规避 VS 风险寻求：音乐的影响

张莹莹　雷　铭

## 一、短时间的音乐刺激

*1. 音乐情绪*

在进行外汇市场交易时，听 Moment《瞬间》等引发愉悦情绪的音乐，会通过增加个体的自信使得其愿意承担更多的风险；而听 The Rite of Spring《春之祭》等引发非愉悦情绪的音乐，会增加个体在交易中的保守倾向。

当面对彩票进行抉择时，听 The Lucky Penny《幸运便士》等引发快乐情绪的音乐，会促使个体更倾向于选择高风险的彩票，听 The Black Dog and the Scottish Play《黑狗和苏格兰戏剧》等引发悲伤情绪的音乐，会促使个体更倾向于选择低风险的彩票。

*2. 音乐要素*

在彩票型任务中，相比于高节奏组和无音乐组，低节奏音乐组会更倾向于风险寻求，做出更多的风险投资决策；在投资组合多样化任务中，与高节奏音乐组相比，低节奏音乐组更倾向于风险寻求，投资决策的多样化程度更低。

Halko 等人反对此观点，他们认为音乐风格本身和风险决策无关，相关的因素是个人音乐品位与音乐是否一致。他们采用被试内实验设计发现：与没有音乐的基线相比，喜欢的音乐会增加风险行为，而不喜欢的音乐会减少风险行为。

*3. 音乐内涵*

由于研究方式的局限性，以往研究主要考察了音乐对经济领域风险决策的影响。Anastasia 等人则将这一结果推广至饮食行为，发现：相比于喜欢音乐和不听音乐，听派对音乐会增加个体做出风险决策的可能性，包括去没有通过健康和安全检查的餐馆就餐、在吃药的同时选择饮酒等。

近期，王婷等人以疫后出游意愿为切入点将音乐对风险决策的影响扩展至旅游行为。以呈现有武汉地方意象的音乐视频《武汉伢》为研究素材，研究发现基于抗疫音乐视频的情感意象和认知意象对潜在旅游者风险承受力具有正向影响；风险承受力对出游意愿有正向影响；风险承受力在情感意象与出游意愿之间起部分中介作用。除此之外，他们以涉入理论为依据发现，此类音乐视频共情通过影响目的地涉入的吸引力、中心性、象征、风险而影响行为意图。

## 二、长时间的音乐训练

有没有发现，周围接受过音乐训练的同学，他们的反应能力会更快？研究表明：早期音乐训练有助于提高决策能力，即相比于晚期音乐训练组与未接受音乐训练组，早期音乐训练组在模糊决策与风险决策方面的表现较好。

## 三、神经生理机制

音乐对风险决策产生影响的生理反应主要可分为两个方面，一方面，音乐会激活脑区进而影响个体的风险决策行为，研究发现，喜欢的音乐会显著降低个体的损失厌恶感，激活杏仁核和背纹状体，从而增加接受赌博的可能性；另一方面，音乐会促使大脑分泌神经化学物质进而影响个体的风险决策行为，音乐愉悦体验与大脑奖赏系统的活动有关，会促使大脑分泌多巴胺。

关于音乐对风险决策的研究目前还处于探索阶段，我们认为未来可以从以下几个方面对这一话题开展进一步的研究。

1. 拓展风险决策的研究领域

Weber 等编制的特定领域风险态度量表从经济金融、健康和安全、娱乐、伦理、社会决策五个领域测量人们的风险寻求和风险厌恶程度。但以往关于音乐对风险决策的影响主要探究的是经济金融领域，未来应该开发更多的风险决策测量范式，研究特定领域的风险决策行为，拓展研究结果的外部效度。

在旅游领域，存在着一些高风险的主题活动，包括蹦极、跳伞、漂流、攀岩等；在酒店领域，风险决策包括选择不熟悉的酒店，在不熟悉的餐厅就餐，体验餐厅的新品等。研究人员未来可以探究音乐对旅游酒店行业风险决策行为的影响机制及神经生理机制，为更好地理解旅游者决策提供参考。

2. 拓展并细化音乐刺激材料

音乐的关键因素包括内在因素和外在因素两个方面，内在因素包括类型、节奏、情绪等，外在因素即与环境的一致性，包括与装饰的匹配性、品牌的联结性以及与听众品位的相似性等。未来研究需拓展音乐刺激材料，可研究旅游目的地宣传片配不同的音乐对潜在旅游者旅游意愿的影响，为旅游目的地拓展客源提供依据。同时，一首音乐同时包含着节奏、情绪、曲调等属性，未来研究中，应严格控制音乐刺激材料，去除不相关因素的影响，提高研究结果的说服力。

3. 深化研究机制

情绪的研究从起初的愉悦、唤醒、支配、效价四个大类逐渐细分为自豪、感激、满足、高兴、惊喜、敬畏、焦虑等单一情绪。因此，未来研究可聚焦于具体的某种情绪，探究其在音乐对风险决策行为中的影响机制。研究表明，慢节奏的音乐可降低个体的焦虑感，高焦虑的个体更加偏向于风险规避，未来研究可探索焦虑在音乐节奏对风险决策影响中的作用机制。

音乐属性是客观存在的，但是个人的音乐鉴赏能力是主观的，会受个体差异的影响。因此，在研究音乐对风险决策的影响时，有必要考虑性别、人格特质、音乐偏好等的作用。事实上，由于时代的快速发展，不同代际之间对音乐的欣赏和偏好有很大的差异性，有早期音乐训练的和无早期音乐训练的个体之间的风险偏好有显著性的差异，未来研究应进一步探究个体差异性在音乐对风险决策行为中的作用。除此之外，也可以采用被试内实验设计，减小个体差异对实验结果的影响。

4. 拓展研究对象

以往研究中研究对象大多是大学生，他们的理解能力强，比较认真，是很好的研究样本，但是在旅游领域，其他人群包括儿童、商务人士、残障人群也占有很大的比例，未来可拓展研究对象的范围，提高研究结果的普适性。

2022.1.22

# 酒店行业践行节约之倡导

## 雷 铭 陈 维

"俭，德之共也；侈，恶之大也。"节俭节约一直是中华民族的传统美德，同时也是世界各国所倡导的绿色消费行为的核心价值所在。近日，习近平总书记对制止餐饮浪费行为做出了重要指示，呼吁在全社会营造"浪费可耻，节约为荣"的氛围。酒店行业中的浪费现象尤为突出，探讨酒店业中的浪费现象及解决措施，有利于切实践行习近平总书记提出的"浪费可耻，节约为荣"的理念。

### 一、酒店行业存在的浪费现象

餐饮业粮食浪费数量巨大且现象普遍。随着居民生活水平的提高，消费者在外就餐的比例不断上升，餐饮业已经成为中国消费升级的十大行业之一。但我国餐饮业存在严重的粮食浪费现象，可以在各个大型酒店、小型餐厅看到源源不断的剩余菜肴被扔进后厨垃圾桶。2015年中国城市餐饮业浪费食物1700万~1800万吨，相当于3000万~5000万人一年的食物量。有报告显示，中国餐饮业人均粮食浪费量为每人每餐93克，浪费率为11.7%，大型聚会浪费更是高达38%。自2013年"光盘行动"开展以来，餐饮企业重视节约用餐的引导和宣传，但浪费现象仍广泛存在，如在各种聚会及婚丧宴、升学宴、谢师宴等宴会上食物浪费严重。餐饮业严重的粮食浪费产生数量惊人的厨余垃圾，不仅造成企业成本增加，而且导致大量资源浪费。

酒店客房消耗品浪费严重。经济的繁荣发展改变了大众的消费观念，逐渐在酒店业中形成一种"强制消费观"，把商品的购买与使用变成一种仪式，从消费中获得精神的满足，酒店"一次性用品"的浪潮由此兴起。"一次性用品"的酒店经营模式造成了资源利用率低、酒店客房用品的大量浪费。我国许多酒店一般会在每个房间配备一次性日用品，其中包括牙刷、牙膏、拖鞋、洗发水、沐浴液、香皂、浴帽等。不少高星级酒店还会提供一次性的剃须刀、护肤品等。但是这些一次性日用品通常在使用一两次后就被丢弃。据统计，中国酒店 70% 以上的肥皂使用过一次就会被丢弃，中国 44 万家酒店每年丢弃的香皂超过 40 万吨，价值达到 80 亿元。这些客房用品的浪费不仅造成金钱损失，而且从环保角度看，更是造成了生态环境的污染。此外，酒店行业能源消耗巨大，节能减排工作一直是酒店行业的工作重点，一些酒店在节水节电方面的有效措施值得推广。

## 二、酒店行业存在浪费现象的原因

一是消费观念的影响。消费观念是指消费的指导思想、价值取向和对消费目标的追求。以往人们秉持节约的消费观念，倡导合理消费，力戒奢侈浪费，制止奢靡之风。随着人们生活收入水平的提高和对高质量生活的追求，大众的消费观念和消费方式也发生了深刻的改变，人们倾向过度包装、过度消费的行为。酒店行业存在严重浪费现象的原因在于消费者的消费行为深受消费观念的影响。攀比消费、奢侈消费、任性消费、嚣张消费等不合理的消费观念导致消费者消费时铺张浪费、挥霍无度，造成资源大量浪费。

二是行业规范制度的弊端。酒店行业的浪费现象也深受行业规范制度的影响。首先，酒店餐饮业仍存在不合理的"最低消费"制度，这直接推升餐饮食物过度消费，成了消费者铺张浪费的重要推手之一。酒店业也秉持着提供一次性用品是衡量酒店质量的最重要标准之一的观念。酒店行业内的这些硬性规定在很大程度上成为酒店行业浪费巨大的重要原因。其次，我国酒店行业在制度规范方面存在缺陷。餐饮方面，我国餐饮业缺乏完善的预防机制和治理体系，这也是我国餐饮业造成浪费现象的根本原因。韩国政府开始推行餐桌节约计划，实施针对餐饮企业节约行为的减税政策；德国推出餐饮业出现浪费可进行举报罚款的措施。这些惩罚和奖励机制从根本上拒绝了食物的浪费。客房方面，自 2011 年 1 月 1 日《饭店星级的划分与评定》实施，正式取消了对酒店"六小件"客房用品的硬性要求后，全国各地开始相应地减少甚至限制提供一次性用品，但限制一次性用品在全国范围内落实到位十分困难。这一政策损害了以一次性用品为增值服务的酒店的利益，同时也难以让消费者接受。

## 三、酒店行业浪费现象的应对之策

政府层面上，首先，加强行业制度立法，将践行节约纳入节能减排考量范围。餐饮方面，可以制定颁布餐饮行业最新服务标准，推动餐饮机构点餐服务规范化和菜单定量化，将点餐提醒、半份（小份）菜等列为强制性规范，同时，将节俭消费、杜绝食物浪费等相关内容纳入餐饮行为规范引导性文件中。客房方面，可以制定相关客房服务标准，将限制使用客房一次性用品纳入制度规范。其次，加大对企业监管的力度。餐饮方面，切实落实取缔"包间费""最低消费"等易造成食物浪费的不合理举措，并对餐饮浪费行为进行处罚，对节约行为进行奖励。客房方面，弱化使用一次性用品是酒店质量的体现这一理念，监管企业合理规范使用并处理客房一次性用品。最后，加大对减少浪费的宣传力度。政府继续推广"光盘行动""文明城区建设"，鼓励企业绿色环保的经营模式，转变酒店企业的经营观念，树立企业可持续发展的经营理念，同时加强对社会公众节俭节约理念的教育，培养全社会节约环保理念。

企业层面上，首先，改变服务经营模式。餐饮方面：酒店企业可对食物进行减量化管理，创新发展套餐食物；积极完善供餐方式，采用分餐、半份菜、小份菜等餐饮供餐和消费方式；重视点菜服务与提醒消费，告知消费者菜品分量、口味等消息；主动为消费者提供剩余菜品免费打包服务，避免食物浪费。客房方面：企业减少客房一次性用品的发放与分配，根据顾客需求提供一次性用品；严格要求工作人员做好一次性用品的管理工作，及时了解物品的消耗情况；企业也可用非一次性用品替代一次性用品，做好安全管理，逐渐取消一次性用品的使用。其次，实行物质奖励措施。企业改变服务经营模式可以减少浪费现象，必要时还要进行一定的物质奖励。餐饮方面，企业推行"光盘行动"，鼓励对不剩余食物或主动打包的消费者进行物质奖励，提高消费者的节俭意识。客房方面，企业可以推出旅行产品随身包，鼓励消费者自带洗漱用品，对不用或少用一次性消耗品的顾客提供小奖品，如一束鲜花、一份水果等，培养顾客的环保意识和节约观念。最后，加强宣传，增强企业员工的节约环保意识。员工节约环保意识淡薄是造成资源浪费的重要原因。因此，加强宣传，提高企业员工的节约环保意识，是企业资源节约最有效、最可行的措施。通过员工培训，加强员工对节俭环保理念的学习，切实把节俭环保意识落实到服务的实践当中去。

个人层面上，首先，转变消费观念，树立正确的消费观。消费者要充分认识到浪费的消极影响，培养"浪费可耻，节约为荣"的生活理念，弘扬节俭节约的传统美德，养成节俭节约的消费习惯。其次，践行绿色消费和节俭行为。大力践行合理、健康的消费行为，外出就餐采取少量多点的点餐模式，倡导聚餐、婚丧嫁娶等红白喜事从简用餐，入住客房减少一次性用品的使用，使用绿色环保产品，从实践上落实节俭和环保的消费理念，杜绝浪费。

总之，杜绝酒店行业的浪费现象根本在于全社会的节约行为。节约行为是对资源的充分利用，合理配置各种资源，提高资源使用效率，实现资源节约和循环利用。在资源、环境制约日益严重的现状下，节约行为有利于国家节约资源，保护生态环境，发展可持续经济。

2020.09.01

# 国际酒店同行减少食品浪费的实践及启示

## 段 壮 秦 宇

2020年8月,习近平总书记对制止餐饮浪费行为做出重要指示,全国各地各部门积极响应。文化和旅游部修订了住宿业和旅游景区标准,将反对食品浪费的内容列入其中。各地政府也积极倡导反对铺张浪费,广泛开展"光盘行动"等活动,让食品浪费的现象有所改观。部分地区和餐饮协会还推出了"N-1"点菜法、对浪费行为进行罚款等措施。我们认为,现有反浪费的一些做法主要针对消费环节,虽然可以在一定程度上减少食品浪费,但是由于未考虑到生产和管理环节,效果终究有限。此外,对顾客提出关于反浪费的硬性要求,对于讲究服务质量的星级酒店来说并不适用。如何在尽量不影响顾客体验的前提下,主要从生产和管理环节下功夫,将制止餐饮浪费的措施融入实际的经营管理中,是国内酒店企业需要考虑的问题。在解决食品浪费的问题上,国际酒店有更加具体、全面的做法,比如通过精巧的餐厅设计、引入高科技设备等方式来减少食物浪费。本文将介绍国际酒店中减少食品浪费的常见实践,以期为国内酒店提供一些思考及建议。

## 一、国际酒店减少食品浪费的做法

1. 通过餐厅设计引导顾客理性消费

酒店食物浪费很大一部分来自客人餐后剩余的食物,为了减少此类浪费,国际酒店通过精巧的摆盘和档口设计来引导客人理性就餐。凯悦酒店将酸奶盛放在容量相同的小杯里以取代原有无限制的供应,并且将客人可自由切分的大蛋糕变成了大小相同的小蛋糕,避免了客人盲目获取过多的食材。奥兰多凯悦酒店为奶酪、牛排等成本高昂的食材设计了独立窗口,顾客想要获取食材需要让酒店员工对食材进行简单的二次加工,这样做既提高了菜品品质又有效限定了客人对高昂食材的消费,从而减少了客人对食物的浪费。索菲特酒店的 Mezz(梅兹)餐厅在地球日时让员工穿上印有减少食物浪费口号的衣服,并且在餐桌和档口摆放了减少食物浪费的标语来倡导顾客理性用餐,这种有意识的提醒让酒店比同期减少了 20% 的食物浪费。巧妙的设计和引导有效避免了客人浪费现象的发生,这种做法在国际酒店中最为常见。

2. 利用高科技设备跟踪食品浪费情况

国际酒店集团引进了厨余垃圾管理系统,此系统通过信息化设备对剩余的食物进行监控,通过数据分析,对客人食物的消耗情况进行预判,依据预判信息进行采购,避免食物的浪费。雅高采用的智能厨余垃圾管理系统 Winnow 通过安装在餐厅垃圾桶上的智能仪表对厨房丢掉的食品进行监控,从而推断出哪些食物顾客喜欢、销量佳,哪些食物浪费严重,从而适当调整食材的采购。对安装该系统的 42 家酒店观察一年后发现,酒店平均减少了 21% 的厨房食物浪费,超过 70% 的酒店收回了投资,餐厅食物浪费的现象得到了很好的缓解。同样使用 Winnow 系统的还有万豪酒店集团、希尔顿酒店集团、洲际酒店管理集团等,高科技设备的使用让酒店食品浪费现状得以缓解。

3. 酒店内部合理使用剩余食材

国内酒店对客人所需食材难以精确估计,但为了满足顾客的需求,酒店通常会采购多出客人需求的食物以备不时之需,这样的做法虽然有效保证了酒店餐厅的服务质量,但也造成了食品浪费。针对此类未经使用的食物,国际酒店对其进行了有效的处理。在酒店内部,针对快要到期的健康食材,酒店通常会将其作为特价菜加快出售,或者用来准备员工餐。洛杉矶著名的 Bestia(贝斯蒂亚)餐厅的员工餐会使用厨房剩余的食材,这样的做法并没有让餐厅员工反感,相反,员工因食用原本为客人准备的高质量食材而感觉自己受到了重视。针对客人未使用的剩余食材,酒店会对其进行二次利用。比如,迪拜卓美亚希尔顿度假酒店会将自助早餐中剩余的糕点重新用于埃及特色甜点 Om Ali(奥马利)的制作。在酒店内部对食材进行高效利用能将食材的价值发挥到最大,从而有效控制酒店成本并减少食物浪费。

4. 通过对外出售、捐赠等手段处理剩余食物

酒店内部对食品消耗的能力有限,国际酒店也通过出售、捐赠等手段对剩余的食材进行处理。斯堪迪克酒店集团(Scandic Hotels)与应用程序 Karma(卡尔玛)和 Too Good To Go(别丢了好东西)合作,此应用通过降价出售其剩余食物的方式来帮助餐厅解决食品浪费问题。自 2017 年以来,斯堪迪克酒店集团已将此应用推广到了旗下 90% 的连锁酒店。2018 年,通过该应用的打折销售,该酒店集

团节省了超过125 000份未售出的食物。部分国际酒店也通过捐赠的方式来处理其剩余的食物。Feeding America（供养美国慈善组织）是为社区的儿童、老年人提供免费食物的一家慈善机构，欧姆尼酒店集团（Omni Hotels & Resorts）与Feeding America合作，为当地社区的居民提供食物，企业积极承担社会责任的同时也有效地避免了食材的浪费。罗马卡瓦列利华尔道夫酒店（Rome Cavalieri）与罗马的非营利组织合作，将未使用的面包分给当地的啤酒厂生产啤酒。

## 二、对国内酒店企业的启示

众多国际酒店对食品浪费问题给予了高度关注并将具体的计划落到实处，这些做法也给了国内酒店很多启示。首先，善于使用小技巧引导顾客理性消费，这些做法虽然简单且常见，但作用明显，恰到好处的引导和精心的布置能让客人在获得较好用餐体验的同时，有效避免食品浪费现象的发生。其次，随着厨房信息化设备的普及，越来越多的高科技设备从餐桌走向后厨，国内酒店可尝试引进高科技设备对餐厅食物进行监控，让酒店准确跟踪每一份食物的流向，便于酒店精准地把握顾客的消费偏好并制定后期的采购标准。再次，国内酒店可制定灵活的食材处理方案，比如在酒店内部使用FIFO（First In, First Out，即先进先出）方法，优先使用较早采购的食材，通过减价、套餐等促销方式优先销售临近保质期的食材等。在酒店外部，与当地供应商、社区、慈善机构等保持密切联系，从本地供应商选取新鲜的食材能减少运输所花的时间，从而延长食物的储存时间，也能让酒店更加方便地选购所需食材，避免一次性囤积过多造成食物浪费。与当地社区保持密切联系，向当地的社区、慈善机构提供可食用但未出售的食材，能够提升酒店的社会影响力。最后，减少食品浪费是一个永久的话题，计划的落实离不开一线员工的实施，国内酒店应加强员工培训，在酒店形成反对铺张浪费的良好风气，让员工在实际的生产、服务工作中合理地处理酒店的每一份食材。

总之，减少乃至杜绝餐饮浪费行为，不仅需要引导顾客的合理消费行为，还需要在酒店企业的生产和管理行为上想办法。只有多管齐下，食品浪费问题才能真正得到较为全面、彻底的解决。

2021.01.21

# 酒店餐饮业无接触服务模式创新

谷慧敏　刘　艳

受新冠疫情及经济发展的影响，酒店业承受着巨大经营压力，迎来了一场重大冲击：顾客的消费观念和消费行为发生重大转变，线下消费活动大规模减少，传统的进店式酒店餐饮服务方式难以为继。但面对新冠疫情这样的突发公共危机，酒店行业并没有坐以待毙，而是分析自身的现实困境，积极推出无接触服务新模式来转"危"为"机"，实现有效恢复和长远发展。

## 一、无接触服务的积极尝试

酒店抓住顾客对无接触、健康和安全的需求，加速线上线下资源的整合，积极进行新的业务探索。酒店餐饮业目前采取的无接触服务方式主要集中在以下两个方面：

一是利用智能化手段，实现无人工服务，完成与顾客在用餐过程中的互动。疫情发生后，作为酒店"无接触服务"的主要提供者，酒店机器人在酒店内的使用率和覆盖范围迅速提升，在餐饮业方面也得到了广泛应用。顾客在线上点餐之后，酒店利用智能机器人完成传菜、送餐、收餐等服务环节，整个过程有效实现与顾客的零接触。例如，在云海肴、汉堡王"无接触餐厅"示范店中，机器人按照指定路线从后厨运送菜品，并帮助服务员把餐品直接送到桌前，全流程隔绝人与人的接触；如家精选酒店利用酒店机器人小如帮助运送客人购买的外卖餐食和零食饮料等物品。

二是借助餐饮平台，打通上下游市场链，实现合作基础上的无接触服务。目前外卖成为热门需求，酒店也迅速推出外卖服务，"线上下单，无接触服务配送"的外卖方式已经成为酒店餐饮业的一个发展方向。例如，杭州市饭店行业协会和美团联手，组织开展了"旅游饭店、品质外卖"活动，杭州黄龙饭店、纳德大酒店、维景国际大酒店等20余家星级酒店积极参与其中。同时，为了灵活满足顾客要求，酒店通过多种渠道发展食品新零售，开展与生鲜超市等平台的合作，销售"半成品"。例如，陶陶居、小龙坎等品牌利用美团上线的"美味到家"服务，来进行半成品销售；大龙燚在各大商超如沃尔玛、大润发、卜蜂莲花等的线上渠道售卖底料产品；还有众多酒店餐饮企业采用即点即走等服务方式。

## 二、酒店餐饮业无接触服务模式

酒店推行的无接触服务方式无疑是把握和迎合了顾客的需求转变，并将成为酒店餐饮业探索转型的一个重要方向。在酒店场景下，无接触服务的发展模式（酒店餐饮服务新模式，见图1）可以总结归纳为以下三种。

一是"酒店+机器人"的自取模式。酒店抓住智能化发展趋势，结合顾客对无接触方式的强烈需求，推出智能机器人餐饮服务。应用智能机器人替代人工服务，在顾客完成点餐之后，机器人充当连接餐饮与顾客的中间人，这既保证了对各个阶段餐饮卫生与安全的有效监控，又完成对客餐饮服务的规范化。

二是"酒店+第三方平台"的外卖模式。酒店利用第三方餐饮平台，借鉴社会餐饮手段，发展酒店餐饮服务。外卖形式打破了酒店餐饮的空间限制，有效拓宽餐饮服务业务范围，将酒店餐饮优势与线上平台资源相融合。酒店接单之后，通过中央厨房体系完成菜品制作，由第三方平台提供骑手完成专门化与高效性的配送服务，实现酒店餐饮供应与外住客人需求的无接触闭环服务。

三是"酒店+合作零售"的连锁化模式。酒店探索上下游市场链之间的合作，借助连锁化实体超市或电商平台，打造酒店餐饮"新零售"。利用零售手段，有效实现对酒店优势产品的整合，延伸了酒店产品链，并扩大产品销售市场。酒店通过大型零售平台进行餐饮相关食品的展示和销售，让酒店餐饮以零售方式走出酒店，灵活满足顾客的多样化选择。

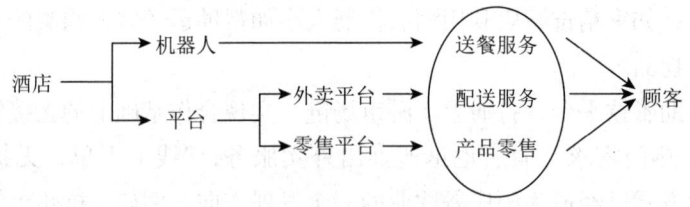

图1 酒店餐饮服务新模式

## 三、无接触服务模式的发展策略

酒店餐饮业作为酒店经营的重要环节，在新冠疫情冲击下积极探索创新服务，推行无接触服务模式，反映了酒店行业智能化和融合化的发展趋势，有利于缓解经营压力，提高酒店整体的竞争力。如何更好地利用无接触服务模式来满足顾客需求，并提升消费体验，从而推动酒店餐饮的有效恢复和长久发展，是酒店面临的重要问题。为此，具体提出以下五点建议。

1. 注重科技应用，加强酒店智能化建设

技术手段的运用有利于酒店服务标准化的提高，智能化服务带给顾客的是便捷与安心，但如何有效利用技术提升酒店服务水平仍需要不断地进行实践。一方面，酒店要加大对机器人的维护，保障机器人安全。机器人作为无接触服务提供者，直接面向顾客服务，其程序的规范性和安全性要得到充分保证。另一方面，加强技术对服务环节的监控，重视产品安全。在无接触服务模式下，酒店可以利用技术将机器人在服务过程中的行为透明化，主动在多个节点提供跟踪信息，保证配送的安全与健康，并采取多种顾客参与监督方式，来获得顾客的认可和信任。

2. 积极构建酒店餐饮平台，加强线上线下资源整合

平台化运营与合作是发展无接触服务模式的重要手段。一是建立和拓展线上外卖平台。酒店可以通过加强与传统几大外卖平台的合作，充分利用其优势，保障食品的安全与专业运送，并逐渐丰富自身的外卖渠道，融合线上线下资源，从而有效实现酒店餐饮运营空间拓展。二是积极推动业务下沉，扩大客户群体。酒店餐饮需要撕掉固有的"高端"市场定位标签，通过分析周边商圈环境，识别不同人群特殊场景需求，从而开发和培育大众化顾客市场，真正实现顾客多元化。三是打造特色化产品，丰富顾客选择。酒店可以根据不同顾客群体特点，推出各式套餐组合，实现顾客选择的丰富性，进一步寻求与大型企业的长期订单合作机会。

3. 加强上下游商家合作，延伸酒店餐饮市场链

酒店餐饮拥有一套完整的运作体系，面对社会餐饮的竞争，酒店餐饮应该积极走出去，打通市场，实现以餐饮带酒店。一方面，充分利用酒店自身资源，发展餐饮"新零售"。在顾客需求灵活多变的市场环境中，酒店可以与超市或线上电商平台达成合作，推出具有酒店品牌特色的简餐、半成品或原材料供顾客选择和购买，进一步开拓零售市场。另一方面，倡导绿色餐饮，开发绿色市场。酒店

可以利用自身的中央厨房体系作为强大基础，抓住顾客的健康安全诉求，建立一套完整的绿色运作系统，快速占领市场先机，更好地满足顾客需求。

4. 强化跨界合作，建立共享型员工体系

由于行业市场员工供求失衡，人力资源结构性问题不断凸显，推动了跨界员工资源临时共享，灵活的"共享员工"模式受到重视。面对这种新模式，首先，酒店需要构建专门的酒店员工共享平台，实现酒店人力统一管理。其次，制定有部门针对性的培训课程，对员工进行标准化的线上专业知识赋能和技能培训，加快共享员工与酒店的契合。最后，建立新型酒店内部组织构架，不仅要保证酒店内部正常运作，同时还要加强与外部平台的快速沟通，使得共享员工高效实施，推动酒店人员的集约化。

5. 多方式共同发力，积极开展社群营销

社群营销在互联网发达的今天能够实现用户的快速增长，借助这种方式，酒店餐饮无接触服务模式可以广泛渗入顾客的生活中，达到更好的宣传效果。一是通过直播手段来实现对顾客的引导和激励，基于酒店官方平台，借助商城、微信微博等方式，达到对酒店无接触服务产品和信息的多方传递，加快业务发展。二是加大产品活动的媒体曝光度，借助多个平台共同宣传，进而培育酒店自身顾客流量。三是注重加强顾客之间的互动，利用顾客对无接触服务的共同体验和关注，组建讨论空间，充分了解顾客需求，通过社群的活跃度来提高用户黏度。

2020.03.12